子どもも大人も
ぐんぐん育つ

# わらべうたと
# 心理学の出会い

湯澤美紀 編著

金子書房

# はじめに

　幼いころのわらべうたで遊ぶ体験は、人に対する信頼感の根っこを育て、その後の人生における「生きやすさ」を支えます。

　私とわらべうたの出会いは、心理学の研究者として、ある研究の取り組みに参加させてもらったときです。

　以来、わらべうたを知れば知るほど、その一つひとつが、子どもの心の育ちとピタリと符合することに驚きと感動はいっそう膨らんでいきました。それだけではありません。高度経済成長期に育ち、わらべうたで遊んだ体験が乏しい私でさえも、大人になって出会ったわらべうたの数々に、心の中の「小さい私」が次第に満たされていったのです。子どもと遊び、研究を重ね、仲間を得ながら 10 年の時が過ぎました。そして気づけば、子どもを取り巻く環境は、以前にも増してやせ細っています。

　かつて孫の遊び相手であった祖父母の多くは、今も社会の働き手です。保育者の離職率の高さは保育文化の継承を難しくし、孤独の中で子育てをする母親は、子どもとの遊び方がわからないでいます。そして、公園で遊ぶ子どもの遊び声でさえ、うるさがられる時代です。

　こんな世の中だからこそ、子どもたちの健やかな育ちを支えるわらべうたを、そして、わらべうたで遊ぶ体験を子どもたちに戻していきたいというのが、この本の願いです。

　では、どのようにわらべうたを子どもたちに戻していくことができるでしょうか。その鍵を握っているのは、子どもにとっての身近な大人、つまり、親・保育者・地域の子育て支援の担い手であると考えます。いったんわらべうたが子どもの手にわたれば、子どもは自由自在に遊びを繰り広げ、展開させる力をもっています。

　ただ、大人の方はというと、なかなか新たな体験に足を踏み出せないという声をよく聞きます。

1つは、「あんなに短いうたなのに、わらべうたが自然と身体から出てこない」という違和感であり、もう1つは、「わらべうたの良さをうまく言葉で説明できない」といったわからなさ感です。

　実は、このどちらも、私がわらべうたに出会った当初、感じたことでした。そして、わらべうたを楽譜で学んでも体験へはつながりにくいこと、私の専門である発達心理学という一領域だけでは、わらべうたを通した子どもの心の育ちを語りつくせないこともわかってきました。

　この本では、そんな違和感のトンネルをくぐり抜けられるよう、第2章で、子どもたちが育つ様々な場所（家庭・保育・家庭文庫・療育・大学）でわらべうたを伝えてきた方たちに、子どもとともに遊んだわらべうたの体験の物語を語っていただきたいと思います。「自信はないけれど、子どもと遊んでみようかな」、そう思わせてくれる魅力あふれるお話を届けます。

　また、わからなさ感に向き合うために、第3章では、心理学の6つの領域（進化心理学・身体心理学・感情心理学・言語心理学・教育心理学・生涯発達心理学）の専門家に、本来の子どもの育ちの実相と、そこにわらべうたがあることの意味を語ってもらいます。新しく知る言葉も多く、読み応えは十分だと思いますが、頭の中の霧がすっと晴れる瞬間が訪れるはずです。

　そして、いよいよ実践への扉を開きたいと思います。

　読者のみなさんが、次なる体験に一歩足を踏み出せるよう、第5章では様々な工夫をちりばめながら、わらべうたを紹介しています。かすかな記憶を引き出してくれる耳慣れたわらべうたから、はじめて出会うわらべうたまで。「ようこそ赤ちゃん」の心がこもったわらべうたから、年長の子どもにこそ遊んでほしいダイナミックなわらべうた

まで。春から冬にかけて。すぐにでもわらべうたのつどいが開ける資料も掲載しています。実際に、昭和・平成・令和の子どもたちと遊んできたものばかりですので、どれか1つでもぴったりくるわらべうたを見つけてほしいと思います。

　最後に、読者のみなさんと共有したいテーマがあります。それは、わらべうたの「場」についてです。

　わらべうたで遊ぶうち出来上がる柔らかな空気とそこで交わされる人々のほほえみは、わらべうたの本質といえます。ただし、それはどうも説明しづらいものです。そこで、第4章では、第2章の執筆者3名に再登壇していただき、自由に思いを語ってもらうことにしました。生きた体験・生きた言葉で紡がれるその事実を通して、わらべうたの「場」をまるごと感じていただけたらと思います。

　実に多くの方の手を介して、1冊の本を仕上げていきました。2章・4章では実践に携わってきた5人の実践家が、3章では、6人の心理学者が、5章では6人の遊び手が力を合わせました。先ほど子どもたちを取り巻く環境の厳しさについてはお伝えしましたが、この本づくりを通して、子どもを思い、温かなまなざしをもって力をお貸しくださった数多くの素敵な仲間と出会えました。そして、この本を今、手にしてくださっている読者のみなさんがいます。

　わらべうたを通して、そこにいる人がともに遊び、笑いあえる時を刻みながら、子どもが子どもらしくいられる時代を再び一緒に作り出していけたらと思います。

編者　湯澤美紀

わらべうた
遊ぶうちに

わらべうたを
学ぶうちに

この本は、
いろんな人に、
いろんなかたちで
届いてほしいと
願っています。

● **子どもに**
　大人たちの温かいまなざしに見守られながら、信頼の根っこを地中に伸ばし、地上では人や自然、コトやモノへの関心の枝葉を広げ、世界をつかみながら大きく成長！

● **親に**
　子育てのヒントをもらいながら、「ふっ」と肩の力をぬいて遊んでみると、子どもの笑顔につられて思わず元気が湧いてきて、心からの笑顔を子どもに向けられるように。

● **保育者に**
　子どもたちと一緒にわらべうたで遊ぶ体験をため込んでいくうちに、子どものつぶやきが聞こえ、心の動きもつかめるように。明日の保育も楽しみに！

● **地域の子育て支援に携わる人たちに**
　子どもと親、そしてわらべうたが出会う場を作り出していこうというワクワク感がいっぱい！　保護者にかける声も優しく、そして温かく。

● **心理学者に**
　自分の研究の枠にとらわれず、子どもの健やかな育ちを支えるための新たな研究テーマにも関心を広げる。

　では、わらべうたの世界へつながる次なる1ページをめくってみましょう。

# 目次

イラスト：三宅一恵・赤松百合子・吉村玲子

## 本書の表記について

**タイトル**　メロディのあるわらべうたを平仮名で、また口語的に歌われ、唱えとして分類されるわらべうたをカタカナで表記します。

**楽譜**　メロディのあるわらべうたは五線譜上で表記します。歌われる際には、ご自身が歌いやすい高さで歌ってください。唱えについてはリズム譜で表記します。なお、唱えの中でも、日常の会話により近いものについては、歌詞のみの表記とします。

**遊び方**　わらべうたの遊び方については第5章で紹介します。遊び方や歌う場面など多様ですので、本書では代表的な遊びを紹介しています。地域や時代によっても遊び方は異なります。

第 1 章

# わらべうたとは

# わらべうたとは

「おにごっこするひと、このゆびとまれ！　はやくしないときっちゃうぞ」

　遊びたい子どもが人さし指を立てれば、何人かの子どもがその指めがけて集ってきます。

　かつて広場や路地裏、そして道端でも、こんな風景がみられたものでした。ある時点まで子どもたちの生活や遊びとともにあったわらべうたは、日本において長きにわたって人から人に伝えられてきました。そこには人に伝えたくなる魅力と、伝えやすいしかけがあったはずです。わらべうたが人々の暮らしの中でどのように生み出され、遊び継がれてきたのか、そのようなことまで想像を広げていきながら、わらべうたとは何かといった問いに答えていきたいと思います。

　そこで、まず、わらべうたについて、本書の考えを述べた上で、わらべうたの特徴を遊びと音楽の視点から整理していきたいと思います。そして、改めてわらべうたの伝承の歴史を振り返っていきます。

## ❶ 本書におけるわらべうたの定義

　わらべうたとは何か。わらべうたの多様さから一義的に定義するのは容易ではありません。例えば、わらべうたには、先ほどの声かけのようなものから、互いが役になり問答を繰り返すものまで様々ですし、子ども同士で遊ぶものもあれば、大人が幼子に歌いかけるものもあります。また、身近なうたのどこからどこまでがわらべうたなのかという線引きの難しさもあります。

　そこで、本書では、わらべうたの定義として、「伝承性」と「リズム」を指針にしたいと思います。伝承性では、子どもに歌いかけるうちに、あるいは子ども同士で遊ぶうちに、いつのまにか出来上がったうたが、生活や遊びの中で長年にわたって継承されてきたものとします。そのため、作者が明確な童謡や唱歌は含みません。また、リズムは、音楽を構成する要素の1つであり、それが備わっているものとします。わらべうたには、メロディがあるものと、メロディをともなわない唱えとして分類されるものがあります。後者は、母語のリズムが強調され、なおもうたとしての特徴を有しています。

　そこで、本書では、わらべうたを、「子どもたちの生活や遊びの中で、長年にわたり伝承されてきたうた」とします。なお、この本においては、子守唄も含みます。誕生したばかりの幼子へ歌いかけるうたと、遊び慣れたわらべうたをゆっくり歌いかけてあやすような場合のうたは、どちらも子守唄とはいえ、両者を分けることが難しいこと、加えて、言葉を発する以前の子どもへの関わりとして、子守唄は一部のわらべうたと起源を同じくするだろうという推察があります。ただし、本書では、わらべうたの遊びとしての要素に着目していきますので、子守唄については一部の紹介にとどめます。

## ❷ わらべうたの遊びとしての特徴

### （1）遊びの豊富さ

　わらべうたの特徴の1つは、遊びの豊富さです。わらべうたの収集・採譜にあたった尾原昭夫は、室内遊戯歌編[1]と戸外遊戯歌編[2]に分冊し、遊びの内容ごとにわらべうたを紹介しています。

---

**■室内遊戯歌編**

遊ばせうた、顔遊びうた、手遊びうた、おはじきうた、風船つきうた、竹がえしうた、あやとりうた、手合わせうた、絵かきうた、いしなごうた、お手玉うた、手まりうた

---

　特に、遊ばせうた、顔遊びうたは、生まれてすぐに、赤ちゃんの顔や身体に大人が優しく触れながら遊ぶうたが含まれています。子どもは大人に触れられ、また、大人は子どもに触れることで、互いの愛情を育んできた人間の営みを垣間みることができます。人と人との関わりの中で、何もなくても身体で十分遊べるという忘れかけていたあたりまえのことも改めて教えてくれます。

---

**■戸外遊戯歌編**

鬼遊びうた、子もらいうた、輪遊びうた、列遊びうた、くぐり遊びうた、押し合い遊びうた、馬乗り遊びうた、片足とびうた、なわとびうた、ゴム跳びうた、ぶらんこ遊びうた、その他各種遊びうた

---

　まりやお手玉など、今の子どもの遊びとは疎遠になってしまったものもありますが、現在も人気の遊びは多くあります。また、鬼遊びうたは、仲間集め、人あて鬼、かくれ鬼、つかまえ鬼、宿とりつかまえ

鬼、演技・つかまえ鬼、目かくし鬼、げたとり鬼、ぞうりかくし、ご
みかくし、鬼きめなどに細分化されています。遊びのはじめに仲間を
呼びかけ、次に、鬼きめをします。そして、どのわらべうたにするか、
子どもたちは次々と提案していったのでしょう。

### （2）花鳥風月・四季の行事に応じた主題の多様さ

　また、尾原は、先の『日本のわらべうた　室内遊戯歌編』『日本の
わらべうた　戸外遊戯歌編』の改訂に合わせ、新たに『日本のわらべ
うた　歳時・季節歌編』[3] を出版しています。季節の自然・植物・動
物に加え、春から冬にかけて、正月を含めると 30 の行事に応じたわ
らべうたが紹介されています。日本のわらべうたは、日本の遊び文化
を彩り、日本語の言葉の豊かさを伝えてくれると同時に、日本風土に
応じた花鳥風月を主題としたものや四季の移ろいを感じさせてくれる
動植物を主役とした遊びなど多様です。また、とんぼだけで 19、雪だ
けで 29、お盆だけで 16 のわらべうたが採譜されており、1 つの主題
に対して多様なわらべうたが存在することがわかります。

　考えてみますと、日本の環境の豊かさとともに、子どもたちは、大
人たちよりもずいぶん低い視線で地面や水たまりとにらめっこしなが
ら（研究がてら）歩いていたり、生き物と友だちのように語り合った
りしているわけですから、こうしたわらべうたが自然と出来上がって
きたのもうなずけます。

### （3）遊びの自在性

　いくつかのわらべうたは、1 つの遊びに分類できないものがありま
す。例えば、「なかなかほい」は、ゴム跳びでも、小道具を使っても
遊べますし、「さるのこしかけ」は、ひざのせ遊びの親子の 1 対 1 でも、
子どもたち同士の集団でも遊べます（【実用編】（第 5 章）で遊び方を
紹介しています）。

こんなふうに、1つの遊びが様々な遊びに変化していくのは、その
ときどきの遊び手の発想が遊びとして受け入れられ、そして定着して
いったからでしょう。

　また、わらべうたは、異年齢の子どもたちが一緒に遊べるのも魅力
です。例えば、「だるまさんがころんだ」という遊びを、小さい子と
大きい子が一緒になって遊んでいる風景を想像してみてください。オ
ニ役の子が「だるまさんがころんだ」と唱えている間、子どもたちは、
いっせいにオニ役の背中めがけて走り出します。そして、唱え終わっ
て、小さい子が多少動いたとしても、大目にみてもらえるでしょうし、
大きい子がズルをしたら仲間から諫められることでしょう。場合に
よっては、その集団に合った遊びへルールも調整されていくかもしれ
ません。


　遊びの種類と主題の多様性、また、その自在性は、わらべうたその
ものの特徴ではありますが、同時に、遊びの担い手である子どもの発
想の豊かさとともに、場に応じた柔軟さといった子どもの心性を反映
しているといえます。そして、大人が子どもに歌いかけるうちにでき
たわらべうたには、四季の移ろいや行事を子どもとともに楽しんでき
た暮らしの形跡をみることができます。

## ❸ わらべうたの音楽的な特徴

### （1）音階

　日本の伝統的な音楽は、5音音階で構成されており、5つの音の並
び方と終止音の違いによって、民謡・律・都節・琉球などの音階に分
けられます。わらべうたは、その中でも民謡音階が基本となっていま
す[4) 5) 6)]。

　実際に使われる音域は、子どもにとっての歌いやすさを反映して、
狭いものも数多くあります。

　「あしたてんきになあれ」などのように、2音で構成されるわらべ
うたの多くは、隣り合った2つの音からなり、最後は上の音で終わる
ことが特徴的です。

ア）2音によるわらべうた

　「あがりめさがりめ」や「からすがなくからかえろ」は3音のみで
歌われます。

イ）3音によるわらべうた

15

## （2）拍感

　わらべうたは、身体の中の鼓動感に添っていきます。そのため、重力に従い地面を踏みしめるような2拍のまとまりから構成されているのが特徴的です。また、子どもを抱え優しく左右に揺らしながら子守唄を歌う場合も、子どもをひざにのせ上下に揺らして遊ぶ場合も、おのずと2拍子になります。

## （3）リズム・メロディ

　わらべうたは、言葉と強く結びついているため、言葉のアクセントや抑揚によって旋律の形が左右されます。また旋律をともなわないわらべうた（唱え）も同様に、実際の話し言葉にリズムが添っていきます。地域の方言や言葉づかい、そして抑揚がわらべうたに反映されるため、同じわらべうたでも地域によってリズムやメロディが変わる場合があります。

　2人が向かい合い、相手の手の甲を交互に順につまみ重ねていく「いちがさした」というわらべうた遊びを、奈良在住であった牧野英三は次のように採譜しています[7]。

### いちがさした

16

このわらべうたは 2 音で歌われます。「いちが」「ろくが」「しちが」
に着目すると、言語学者の金田一春彦の言う京都・大阪式アクセント
●○型（例：「山」＝やま）、●○○型（例：「山が」＝やまが）のよ
うに最初の音にアクセントがあり [8]、それに添って旋律が動いている
ことがわかります。また「にが」「しが」「ごが」と言うところを「にー
が」「しーが」「ごーが」と伸ばして歌っています。一般に 1 つの音で
表す名詞を、京都・大阪式では伸ばして発音する場合があり（例：「子」
は「こ」ではなく「こお」と 2 拍名詞になる）[9]、そのまま旋律の型
に現れていることがわかります。

以上のようにみてきますと、わらべうたがどこか懐かしい情感をと
もなうのは、日本人にとって馴染みのある民謡音階が基本となってい
るからといえるでしょう。

また、わらべうたの拍感が、日本人がかつて農業中心の生活を行う
中で培った重力に向かう 2 拍子を反映したものであり、身体感覚と密
接に結びついていること、子どもにとって歌いやすい音域であること、
その旋律が子どもを取り囲む環境の中で使われている母語（方言）と
無理なく結びついていることなどが音楽的特徴といえます。これは同
時に繰り返し歌いたくなるしかけとしてもうまく機能しています。

## ❹ わらべうたの伝承と価値の発見

最古のわらべうたは、『古事記』にさかのぼるとされています。以来、
生活に根付き、ときに没するといったことを繰り返しながら、ある時
代まで口承で伝えられてきました。そして、時代に応じその価値が見
いだされ、採集・採譜された資料を通じて再び広がってきた歴史があ
ります。ここでは、古代から現代にいたるまでのわらべうたの歴史を
網羅した落合美知子の『子どもの心に灯をともすわらべうた──実践
と理論──』[10] を参考に、以下概説します。

わらべうたの初出は、現在の「いもむしごろごろ」に通じるうたとされ、『古事記』に紹介されています。しかし、庶民の遊びとしての資料は残されていません。

鎌倉時代から戦国時代にかけて、武士の政権となり、生活のよりどころは、農業を中心に「いえ」となっていきました。また、庶民の間でもわらべうたが歌われるようになったようで、子どもたちだけで、現在の鬼ごっこに通じる「子とろ」という遊びに興じる絵も残されています。

江戸時代になると口承のわらべうたの資料集成がなされるようになりました。1704年の野間善学の『筆のかす』、1820年に釈行智の『童謡集』がまとめられています。例えば、「なべなべそこぬけ」「あんよはじょうず」など、現在にも残るわらべうたが記録されています。

1871年文部省（現在の文部科学省）が創設され、西洋音階で作られた「唱歌」が教科となりました。唱歌として採用されたわらべうたもほんの一部ありましたが、のちにそれさえも影をひそめることになりました。大正期、小学校唱歌への批判を根底として、泉鏡花・小川未明・北原白秋・谷崎潤一郎らが賛同し、子どものための創作童謡が盛んに作られるようになりました。その後、北原白秋は、「真の童謡は本来子ども自身のものだ」として、わらべうた復興へと舵を切り、大正から昭和にかけ20年に及ぶ収集の後、『日本伝承童謡集成』全6巻を発刊しています。

戦後、高度経済成長期に合わせ、子どもの遊びの仲間・時間・空間の減少に呼応するかのように、わらべうたの伝承は危機的状況となりました。昭和30年代後半から昭和40年代前半にかけて、わらべうたのうたとしての要素も記録するために、わらべうたのメロディやリズムを五線譜上に採譜した資料が出版されました。

「一日も早く採集、記録しないと、瞬く間に忘れ去られ、消滅してしまうおそれがある」

わらべうたの採譜に尽力した尾原昭夫の当時の言葉は、その時代背景を物語っています。現在、私たちが、わらべうたの資料を辿れるのは、こうした先輩方の尊い思いと人生をかけた集積によるものであることを心に留めたいと思います。現在も資料をめくれば、子どもたちがかつて遊んだわらべうたが息を吹き返します。

1965年以降、わらべうたは、ハンガリーの音楽教育の理念を汲んだコダーイ芸術教育研究所のリーダーシップのもと、音楽教育の一環として系統的に紹介されるなど、その教育的価値が見いだされていきました。

そして、平成・令和に入り、実践用教本・専門書・CD・DVD・絵本などの新たな媒体を通して、わらべうたが紹介される時代を迎えています。

## ❺ これからのわらべうた

この本もまさに、わらべうたを伝えるための、口承によらない新たなメディアの一部として位置づけられます。そして、今、子どもの生活や遊びの中からわらべうたが消えつつある中で（場合によっては消えてしまっている中で）、どうやってそれを子どもたちの手に戻していくのか、立ち止まって考えなければいけません。

ここまでみてきたように、わらべうたは、言葉・うた・遊びが不可分で、一側面だけ取り出すことは本来のわらべうたとは異なるものとなります。またリズムを共有しつつ、触れあいを重ねるなど圧倒的な身体感覚をともなうものでもあり、同時に心の動きとも渾然一体です。つまり、子どもの手に戻していくべきものは、うたとしてのわらべうたではなく、体験としてのわらべうたです。子どもや大人がわらべうたを通して、ともに触れあい、遊ぶことができる仲間・空間・時間をいかに作り出していけるかが、これからの課題です。

## 第1章のまとめ

　わらべうたは、子どもたちの生活や遊びの中で、長年にわたり伝承されてきました。世代を超えて伝えられてきたわらべうたの多くは、日本人の情感にうったえる民謡音階を基本とします。また2拍子からなるリズムは、遊ぶ人たちに拍感の共有を促し、一体感をもたらします。音域は狭く、母語の抑揚にメロディが添います。語るように歌い、歌うように語りながら、子どもはわらべうたに興じてきました。

　子どもにとってわらべうたが魅力的なのは、音楽的要素に留まりません。季節や行事、そして子どもにとって身近な自然をテーマとした数多くのわらべうたの多様性は、子どもが遊びを始める糸口を広げ、場面に応じて遊び方を柔軟に変化できるといったわらべうたの自在性は、遊びに幅をもたせます。

　そして、言葉・うた・遊びが不可分であり、触れあいを通した身体感覚やそれにともなう心の動きが渾然一体となったわらべうたを、子どもはまるごと楽しみながら、心と身体を育んできたのです。

# 第2章

## 実践編

# 子どもと大人が育つ場所

# 子どもと大人が育つ場所

　わらべうたで生き生きと遊ぶ子どもたちと、どこで出会えるのでしょうか？

　ご存じの通り、わらべうたで遊ぶ子どもたちの声が日本のいたるところであふれているとはいえません。しかし、まるでオアシスのように、子どもが育つ様々な場所で、わらべうたは伝えられてきています。一人の大人がわらべうたと出会い、それを伝えたいという願いに寄せられて、人々が集っていきました。それは、かつてわらべうたがあった家庭を超え、保育、家庭文庫、療育、そして、大学教育の場へと広がりをみせています。

　ここでは、そんなオアシスを作り上げていったみなさんに体験を語っていただきます。「いつのまにか」わらべうたで遊んできた人もいますし、「がんばって」わらべうたで遊んだ時期を経た人もいます。それぞれが、それぞれのわらべうたとの出会いを重ね、子どもと繰り返し遊ぶ中で、わらべうたが子どもとともにあることの意味を再発見していきました。

　読者のみなさんも、これまで何らかのかたちでわらべうたに出会ってきていることと思います。ご自身の体験と重ねて読み進めていただけますと、記憶の底に眠っていた懐かしい思い出が呼び覚まされたり、また、語られる子どもの姿に引き寄せられるように、「わらべうたで遊んでみようかな」とワクワク感がわいてくるかもしれません。

# 第2章の構成

　5人の語り手が登場します。みなさんには、冒頭で概要を示していただいたのちに、「私」の体験を踏まえながら、以下の質問に答えていただきました。


**❶ 私とわらべうたとの出会い**

　「私」はこれまでどのようにわらべうたと出会い、それを周りの人に伝えようと思ったのですか？

**❷ 子どもと一緒に遊んだわらべうた**

　それぞれの場所で、子どもとよく遊んだわらべうたを、場面や遊び方も合わせて教えてください。

**❸ 心に残った出来事**

　「私」の体験を通して、心に残った出来事や、ふとした気づきはありましたか？

**❹ わらべうたを通した子どもの育ち**

**❺ わらべうたを通した私（大人）の育ち**

　わらべうたを通して、子ども、親、周りの大人、そして、私自身にどのような育ちがありましたか？　エピソードもあわせて教えてください。

**❻ 最後に**

　今の思いを自由に述べてください。

　ここでは、実際のエピソードを中心に語っていただきました。そこに登場する人物は仮名で示しています。

　お話の中では、ふんだんにわらべうたを盛り込んでもらいましたので、ときに口ずさみながら、読み進めてみてください。

# 家庭

落合美知子

子どもが最初に肉声の触れあいをする場が家庭です。ここでは、心地よい言葉を楽しむ家庭でのわらべうたの実践を私の2つの体験からお伝えします。まずは、私自身の子どものころや子育て、孫との触れあいから。もう1つは、私が30余年担当してきた「親子でたのしむわらべうた」[1] に参加した方々の家庭での実践によるものです。

## ❶ 私とわらべうたとの出会い

私は終戦直前の1945（昭和20）年に新潟県で生まれ、幼少期は群馬県の山村で育ちました。この頃子どもたちはわらべうたを日常茶飯に体験していました。私の記憶にない赤ちゃん時代のことは母から聞いていました。

疎開先の温泉宿では、学童疎開の子どもたちと一緒にお風呂に入って、「いないいないばあ」をしてもらっていたそうです。村の人たちは、だれもが知っていた「ちょちちょちあわわ　おつむてんてんひじとんとん」であやし、頭をなでて可愛がってくれました。

幼児期には、近所のお姉さんたちについていき、土蔵の前で砂の上のすり鉢状の穴（ありじごく）を見つけて「てっこはっこ　てっこはっこ」と言いながら夢中でその穴を掘っていました。今も日向の暖かさや砂の感覚やわくわくした気持ちが蘇ります。

わらべうたは、身近な人や生き物や四季折々の自然と触れあう特別な空間でした。季節ごとの行事にもわらべうたを歌う声がありました。旧暦の10月10日の十日夜には、大人に藁でっぽうを作ってもらって、子ども集団で家々をまわって「とうかんや　とうかんや」と歌って地

面をたたき、お正月の終わりには、「おまつとっとくれ」と歌いなが
ら、松飾りを集めました。青年団がその松や竹で作った左義長（どん
ど焼き）の行事には、早朝の暗いうちから家族そろって火を見に行き
ました。こうした年中行事や子ども集団のわらべうたは 1965 年ごろ
（昭和 30 年代）から徐々に減っていきました。

　学童期には、きょうだいでお手玉遊びをし、学校にもお手玉を持って
行って「おひとつ　おさらい」や「いちばんはじめはいちのみや」など
を歌いながら、2 つ、3 つと数を増やして遊びました。まりつき、縄跳
び、鬼ごっこなどにもわらべうたを歌う声があり、「いちばんぼしみつけ
た」「あしたてんきになあれ」などと言いながら家に帰ったものです。

　このような子ども時代を経て、大人になってからは子育ての中で、自
然に子守唄やあやし唄を歌っていました。しかし、社会環境の変化と共
に、家庭や地域でわらべうたは次第に影を潜めてきました。

　私がわらべうたを介して子どもと意識的に関わろうと思ったのは、公
共図書館や主宰する子ども文庫に乳幼児の親子の参加が多くなった 1980
（昭和 55）年代からです。ことば獲得期の乳幼児を対象にした「乳幼児
おはなし会」で、絵本と共にわらべうたを取り入れてみました。参加の
親子に笑顔があふれ、本と子どもをつなぐ原動力にもなりました。1990
（平成 2）年代から全国の公共図書館で「おはなし会」にわらべうたが取
り入れられるようになって、家庭にも少しずつわらべうたが復活してい
きました。

## ❷ 子どもと一緒に遊んだわらべうた

「親子でたのしむわらべうた」では、布を使ってわらべうたを楽しんでいます。黄色の薄い小さな布を両手の中に入れて「にぎりぱっちり」と歌いながら揺すって、最後に「ぴよぴよぴよ」と手を開けると、ふわりと布が出てきます。子どもたちは、その不思議さや神秘さに目を見はります。私は、布の大きさを工夫して、赤ちゃんにはハンカチより小さめの布を使います。

### ▦ にぎりぱっちり

布を配るときには「えんやらもものき」と歌います。赤ちゃんも自ら手を出して布をつまみます。おやつもこのわらべうたで配ると、子どもたちは待つことができるようになりました。

### ▦ えんやらもものき

　この布で顔を隠し「ジージーバー」と言って、いないいないばあ遊びをすると、今度は子どもが大人にしてくれます。

### ジージーバー

　ジージーバー　ジージーバー
　チリン　ポロント
　トンデッター


　投げることが大好きな１歳前後の子どもたちとは、私が子どものころ、たんぽぽの綿毛を吹き飛ばしたときのわらべうた「たんぽぽたんぽぽ」を歌いながら布を振り「とんでけー」で飛ばします。家の中でも布の投げ合いができて子どもの心身が満たされ、家族のコミュニケーションが楽しめます。

### たんぽぽたんぽぽ

た　ん　ぽ　ぽ　た　ん　ぽ　ぽ　む　こ　う　や　ま　へ　と　ん　で　け


　一枚の布でいろいろなわらべうた遊びをするたびに、子どもたちの豊かな感性や想像力に触れることができます。子どもたちは、よく布を頭に乗せて歌いながら歩き、布を布団に見立てて人形の上にかけて、自分が歌ってもらったわらべうた「ととけっこう」で人形を起こして、ごっこ遊びをしています。わらべうたは、小さな布のようにシンプルだからこそ子ども自身の力を発揮させてくれるのでしょう。

### ととけっこう

ととけっこう　　よがあけた

まめでっぽう　　おきてきな

## ❸ 心に残った出来事

　初孫が生まれたとき、遥か彼方を見ている孫の目を見て、「ようこそ！　はじめまして！」という気持ちで、「ねんねんねやまのこめやまち」という子守唄をそうっと歌いました。

### ねんねんねやまのこめやまち

| ねん | ねん | ね | や | の | こ | め | まい | ち |
|---|---|---|---|---|---|---|---|---|
| ちゅー | ちゅー | ね | ず | が | な | いつ | てか | たに |
| だい | こく | さ | まみ | のく | おね | つん | かね | な |
| ぼう | やも | は | まや | | | | | し |

| こめ | や | の | こう | ちょか | を | とお | る | き |
|---|---|---|---|---|---|---|---|---|
| こな | やん | のね | よし | こま | との | きお | とら | ばに |
| ねだ | んこ | く | さた | へ | まい | つい | かり | す |
| | い | | | | | | いま | |

　それからも孫を抱いたときには、いつもこの子守唄を歌いました。眠そうに泣いているときは、すーっと寝てくれました。家族には寝か

せ方が上手だと褒められました。

　4年後に2番目の孫が生まれたときは、「ねむれねむれねずみのこ」というそれ以前とは違う子守唄を歌い、それからも抱くたびに同じこの子守唄を歌いました。赤ちゃんとおはなししているような幸せな時間でした。

### ねむれねむれねずみのこ

ね むれね むれ　ねずみのこ　　うっ つけうっ つけ　うさぎのこ

な くなな くな　なすびのこ　　ぼう やがねむった　あとからは

う らのやま の　やまざるが　　いっ ぴきとん だら　みなとんだ

そらそらね むれ　ね むれよ　　そらそらね むれ　ね むれよ

　2人の孫が小学生になってから私がこの2つの子守唄を歌うと、それぞれ自分が歌ってもらった子守唄のほうが好きだと言います。歌ってもらった記憶はなくても、自分が歌ってもらった子守唄はちゃんと身体に染み込んでいました。

　赤ちゃんの集う場で子守唄を歌うと、赤ちゃんの顔が急変します。いい顔になった赤ちゃんを見るたびに、赤ちゃんは人の声、特にリ

29

ズムの良いうたが大好きなのだと思います。この世に生まれてきた赤ちゃんがまず身近な人の声に包まれて眠る心地よさは、大昔からずーっと続いてきたに違いありません。縄文時代の土偶にも抱っこされた赤ちゃんが母親の顔を見ているものがあります。

　電子メディアに囲まれている時代だからこそ、これからもまず家庭から子守唄、わらべうたの肉声を継承していきたいと思います。孫たちが大きくなって子どもをあやすときには、自分がしてもらったようにきっと子守唄を歌ってあげることでしょう。

## ❹ わらべうたを通した子どもの育ち

　抱っこの赤ちゃんに「このこ　どこのこ」と歌いながら揺すると、赤ちゃんは母親の口元をじーっと見たり、繰り返すごとに、まねして「こー」という声を出したり、足を振ったりして身体中で声に反応します。そこにはコミュニケーションに応じて、赤ちゃんがわらべうたを介して「言葉」を獲得していく様子がみられます。

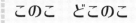
### このこ　どこのこ

　２～３歳の子どもが、家族と指を数えながら「イチジクニンジン」
と歌って最後に「ぽん」と手を叩いて遊んだ後には、子どもたちは、
このわらべうたをまねて再現します。また、一人遊びをしながらわら
べうたをつぶやいているという報告もたくさんあります。

### ■ イチジクニンジン

　どのわらべうたを口ずさむときにも子どもたちの能動性がみられま
す。自分が楽しんだわらべうたをきょうだいに伝えたり、並べたおも
ちゃを数えるときに唱えたり、遊びを創造したり、替え歌を作って歌っ
たり、一緒にお風呂に入ったお父さん（家族）と楽しむようになったり。
つまり、模倣→再現→独創性→共有→定着、という様子がみられます。
　そして、日常に定着したわらべうたは、家族をつなぐ絆になって、
子どもが求めている「愛されたい」「甘えたい」などにも応えてくれ
ます。
　また、子どもたちはわらべうたを通して周りの人にもすてきなプレ
ゼントを手渡しています。まず笑顔です。アイちゃんは自分がしても
らったように「イチジクニンジン」をお父さん、お母さんにしてくれ
るそうです。アイちゃんは「親子で楽しむわらべうた」に、お母さん
が作ったくまさん人形をおんぶしてやってきました。その日はお母さ
んと幼児が遊ぶわらべうたを自分がお母さんになって、くまさんにし

てやりました。私はアイちゃんから積み木を黄色い布でくるんだオムレツのプレゼントをもらいました。

　このようにわらべうたで幸せ時間を過ごした子どもたちがその後、母親になってから自然に家庭（親子）で楽しんでいる様子も見ています。

## ❺ わらべうたを通した大人の育ち

　わらべうたを繰り返し実践しているサカイさんは4人のお子さんのお母さんですが、いつもゆったりした表情です。サカイさんは、家庭での様子を伝えるアンケートで次のような報告をしてくれました。

---

　SNSなどが普及し、子育ての情報も日々新しくなり便利グッズも多くなっています。早期教育も進んでおり、自分の子育ての軸を見失うときがあります。でも、わらべうたで子どもと関わっていると、あせらなくてよい、子どもを比較しなくてよいと思います。「泣いたら目を合わせて応答してあげる」というあたりまえのことに、以前は、スマホに夢中になってしまい、たまたま泣いている我が子に気づけなかった自分に反省しました。今、5ヶ月の我が子が喃語を話していたのでまねして答えると、とっても嬉しそうな顔をしていました。「♪ととけっこう　よがあけた　まめでっぽう　おきてきな」と歌いながら子どもを起こすと、私自身も穏やかな優しい気持ちになれます。以前は電車に乗るときなど静かにさせるようにおもちゃなどを用意していましたが、今はわらべうたで手遊びなどしながら電車に乗っています。わらべうたを楽しみながら子どもの少しの変化を感じ取り、子どもの安心基地になれるような子育てをしていきたいと思います。(2020年2月)

---

## ❻ 最後に

　わらべうたの分かち合いは、家庭をも変えていく大きな力をもった「うた、ことば、遊び」だと思います。わらべうたを繰り返し親子で楽しむと「家庭が明るくなった」「子育てが楽になった」「子どもがますます可愛くなった」との感想や、「子どもが小学生になったが、わらべうたの楽しさをもっと続けたい」と地域のボランティア活動に参加して、わらべうたの伝え手になる母親たちを何人も見てきました。

　私は、子どものころに体験したわらべうたを各家庭に伝えながら、乳幼児の「センス・オブ・ワンダー」[2]（神秘さや不思議さに目を見はる感性）のすばらしさに感動しています。

　ちょうど草むらの朝露に日が当たると様々な色に輝きだすように、わらべうたで遊ぶ楽しさは、人の感性を輝かせます。私もまたわらべうたによって、人との関わりの中で生きる喜びに気づかされ、子どもたちの未来に責任をもちたいと思うのです。

# 保育

田中元気

幼少期にほとんどわらべうたと関わりのなかった私が、保育現場でわらべうたと出会い、実際に子どもたちとわらべうたを楽しむ中で、多くのことを学びました。その間に、子どもとの向き合い方を考えるきっかけも何度か訪れました。そんな日常の保育の場面で感じてきたことをお伝えします。

## ❶ 私とわらべうたとの出会い

　私の小さなころの記憶を辿ってみても、現在保育の中で子どもたちと遊んでいるようなわらべうたはほとんど聞こえてきません。友だちと公園でサッカーをしたり、家の中でゲームをしたりと、どちらかといえば最近の子どもたちとあまり変わらない遊び環境の中で生活していたように思います。

　保育の道を志すようになってからも、わらべうたとの距離は縮まらず、どちらかというと少し敬遠していた自分がいたのかもしれません。「旋律が短調で不気味・歌詞が何だか怖く感じる」といった、わらべうたをあまり歌ってこなかった世代だからこそぶつかる見えない壁のようなものがありました。

　転機は幼稚園に就職した４年目に訪れました。当時の園長・出原大先生より「男性としてこれから保育を続けていくためにも、何か研究テーマをもって、自分の保育実践を高めていくべきだよ」というアドバイスをいただきました。音楽が好きだった私は、ギターを使っての遊び歌や子どもとの作曲などに興味をもっていました。その方向性で研究をと考えていた矢先、「音楽は音楽でも、自分の全く知らない分

野からテーマを絞ってみてはどうだろう？　わらべうたとかやってみたら？」という出原先生の何気ない一言が、ある意味私とわらべうたとの運命的な出会いとなったのです。

　まず、様々なわらべうたの手引書を購入し、わらべうたの研修にも参加し（男性の参加者はほとんどおらず、いつも私一人でした）、うたを覚えました。さっそく担任を受けもっていたクラスでわらべうたを実践してみたところ、子どもたちに様々な変化が表れました。繰り返し遊ぶ中で、自然と周りに合わせようとする姿、相手を思いやる姿、消極的だった子がいきいきと自分の気持ちを表現する姿など、子どもたち一人ひとりに心の育ちが顕著に表れるようになってきたのです。そして何より、私自身が楽しく、子どもと一緒にわらべうたで遊べるようになっていきました。

## ❷ 子どもと一緒に遊んだわらべうた

　保育で名前を呼びかける場面です。先ほどの【家庭】でも紹介されている「このこどこのこ」（p.30）をよく歌います。

　「かっちんこ」のところを、「○○くん」「○○ちゃん」と言い換えて、歌いながら子どもたちの体に触れて遊びました。

　このうたは特に４月当初にたくさん歌いました。はじめての幼稚園、新しいクラス、出会いの場で緊張した子どもたちの気持ちが少しでもほぐれるようにと、毎朝子どもたちが集まったときに全員で歌いました。うたに合わせて子どもたち一人ひとりの体に触れながら「○○くん」と名前を呼びました。毎日歌い続けていくと、次第に子どもたちも友だちの名前を覚え、一緒に歌うようになりました。

　保育の場面では、鬼遊びを楽しんでいます。

## こんこんさん

「こんこんさん　あそびましょ　　　（鬼）まだ　ねてます
　こんこんさん　あそびましょ　　　（鬼）いま　かおあろてます
　こんこんさん　あそびましょ　　　（鬼）いま　ごはんたべてます
　なんのおかずで　　　　　　　　　（鬼）へびのいきたん」

　鬼を囲んで輪を作り、鬼は中央にしゃがみます。鬼と鬼ではない子たちで交互に歌い、問答を楽しみ、最後の「へびのいきたん」のところで鬼が立ち上がり、鬼ごっこが始まります。京言葉のやりとりが楽しいわらべうたです。

　外遊びで何度も楽しみました。遊び始めると、周りの子たちが興味津々で集まってきます。ニヤニヤしながら傍観していた子が、いつの間にか「いーれて」と遊びに加わることがたくさんありました。

　友だちの中でうまく自分の気持ちを表現できなかった子が、この遊びを通して自信をつけたことがありました。その子は鬼になったときに「なんのおかずで」に対して、独特の“間”を取ってから「へびのいきたん」と答えて、友だちを追いかけていたのですが、その“間”が何とも絶妙で、周りの子たちをハラハラさせて、より緊張度を高めていたのです。

　「あーこわかった！　もう1回やって！」とみなが喜び、認めてくれたことをきっかけに、その子はいきいきとした表情をみせるようになり、自分の思いを言葉で伝える姿が増えました。最後の「へびのいきたん」を「かえるのたいやき」といった別の言葉を自分で考え、自ら遊びを発展させ友だちの中で遊びをリードするようにもなったので

す。

　わらべうた遊びを始めるときには、まずは私も一緒に楽しみながら
モデルとなって遊び方を示すようにしました。オーバーにし過ぎずに、
ゆったりと言葉を出し、時にはささやくように歌うこともありました。

　はじめは遊びの流れがわからなくてもよいのかもしれません。同じ
動き、同じ距離感、相手の呼吸を感じながら目線を合わせていると、
自然と楽しくなってきます。子ども同士で遊べるようになっても、す
ぐには離れずに「先生が見ていてくれる」安心感がもてるように、そ
ばで見守るようにしています。

## ❸ 心に残った出来事

### イッチクタッチク

　鬼を決める際に、輪になりうたに合わせて体に触れていく鬼決めう
たです。指遊びとしても楽しむことができ、うたに合わせて順に指に
触れていき、最後の「どん」のところで触れている指を折り曲げてね
かせます。次は、ねかせた指の隣の指からうたを始めて触れていき、

全部の指がねるまで繰り返します。子どもの手に触れて、やってあげるととっても喜びます。

　わらべうたを始めてすぐに戸惑ったのが、音程のない“唱え言葉”でした。楽譜を見ても音符に×がついていて、どのように歌えばよいかわからなかったからです。

　試行錯誤の中で、あるとき、実際にわらべうた遊びを実践されている方のうた声や遊びの様子を見させていただく機会がありました。うた声に耳を傾けてみました。そのうち、わらべうたは音程をとることも必要かもしれませんが、それ以上に子どもに語りかける・言葉を届けるようなイメージのゆったりとした温かみのある「声」が大切なのではないかと、そのとき気づいたのです。それ以来、子どもたちと目を合わせながら、私の「声」で歌えるようになりました。

## ❹ わらべうたを通した子どもの育ち

　ここでは、1つのわらべうたを紹介したいと思います。

### どんどんばしわたれ

　鬼になった2人が向かい合って手をつなぎ、高く手を上げます。ほかの子は2人組を作って手をつなぎ、うたに合わせて順番に鬼の手の下をくぐって歩いていきます。うたの終わりの「さあわたれ」の「れ」のところで、鬼は手を下ろし、2人のつないだ手の中に入った2人組

みが次の鬼になり交代しながら続ける遊びです。

　わらべうたを保育で実践し始めた最初の年、4歳児クラスを担任していました。

　Tくんはとても活発な男の子でした。友だちの中で「一番になりたい」気持ちが強く、負けず嫌いな性格でもありました。「どんどんばしわたれ」のわらべうたで遊び始めて間もないころ、Tくんはいつも鬼の前まで来るとわざと立ち止まります。もうすぐうたが終わりそうになると"ニヤッ"とした笑顔を浮かべ、友だちの手を引っ張って全速力で鬼の手の下を走ってくぐり抜ける行動を繰り返していました。はじめは何も言わなかったほかの子たちも、回を重ねてこの遊びのおもしろさがわかってくると、「Tくん止まったらあかんよ、ずるいやんか」と注意をし始めました。「ええねんでー」とTくんは笑って同じ行為を繰り返します。同じようにまねして走り出す子が増えてきたところで、子どもたち同士で話し合いが始まりました。

　「このままやったらおもしろくないわ」

　「こけたら血でるで」

　「鬼のところは走らんと、歩くことにしよう」

　「Tくんもやで、歩いてよ」

と、言われたTくん。

　普段であればこんな指摘をされれば違う遊びへ行ってしまう彼も、このわらべうたが気に入ったのか、その場から離れることなく話し合いに参加していました。

　その後遊びが再開されると、先ほどと同じようにTくんが走り抜ける姿もみられましたが、それ以上に周りの子たちが「鬼のところは歩こうなー」「走ったらあかんでー」と声をかけ合うようになりました。Tくんも別の子が注意される姿を見ていました。しばらくすると、Tくんは走ったり止まったりすることなく、周りをきょろきょろ見なが

ら、前を歩く子との間隔を考え、歩く速さを調節して、鬼にならない
ように工夫していました。大人から見ると"小走り"のようにも見え
る彼の一生懸命に"歩こう"とする姿を、今でもはっきりと覚えてい
ます。

## ❺ わらべうたを通した大人の育ち

　「どんどんばしわたれ」の出来事は、繰り返し私の心の中によみが
えってきます。わらべうた遊びは、普通のゲーム以上に他者を意識さ
せる遊びです。そして、その遊びを持続させるために、相手の気持ち
と自分の気持ちに折り合いをつけつつ、なおかつおもしろさを共有し
ようと子どもたちは心を動かします。あのとき、Ｔくんは自然と「自
分が受け入れられている」「自分らしくいられる」といった感覚を覚
えることができたからこそ、周りの友だちに対しても思いが向けられ
るようになったのではないか、そう思えるようになりました。

　それから、折をみて、子どもとともにわらべうたで遊ぶ中で、子ど
もたち一人ひとりの姿、その子の今の育ちが、わらべうた遊びのゆっ
たりとした雰囲気の中でだんだんと見えてくるようになったのです。
そして、わらべうたを保育の手段としてではなく、その子のあるがま
まの姿を受け止め、"あなたはあなたのままでいいんだよ"という愛
情深い関わりを促す「心のやりとり」として考えるようにもなりまし
た。

　そして、改めて自分自身の成長は何か問うてみると、保育の中で無
意識にやっていたことを意識できるようにもなったということかもし
れません。目を合わせて、温かいまなざしを向けて、ゆったりとした
語り口調で言葉を大切に届けるということ、何より目に見えない心の
動きに目を向けるという子どもたちと関わる上で一番大切なことを改
めて学ぶことができているように思います。

## ❻ 最後に

　我々大人は、保育者であっても、「あなたのことがとても大事」「愛している」という気持ちを言葉で伝えるのがあまり得意ではないように感じます。しかし、わらべうたを手がかりに、優しく語りかけ、愛情のまなざしを向けて、スキンシップをとることで、少なからず子どもたちに、その気持ちは自然と伝わるように思います。また、名前を呼ばれるだけでも、子どもは喜びます。これは、大人でも同じでしょう。そして、わらべうたで名前を呼ばれて嬉しそうにしている友だちへ顔を向けて、同じように周りの子どもも嬉しそうに身体を揺らします。その姿は、わらべうたは大人から子へ、子から子へ愛情を伝えるうたであると同時に、その喜びを分かち合うことのできるうたでもあることも教えてくれます。

　最近では、我が家でも息子、娘とともにわらべうたで遊ぶようになりました。私なりの愛情を、わらべうたに手伝ってもらい言葉にして伝えています。つい先日、長男（3歳）が長女（0歳）の顔に触れながら「このこ〜どこのこ〜」と歌っていました。わらべうたが、小さな遊び手にも伝わっていっているようです。家庭で、幼稚園で、私にできる範囲でのわらべうたの伝承を続けていきたいと思います。

# 地域・文庫

赤松百合子

今、子どもたちの居場所が失われつつあります。家庭文庫は、家の一部を文庫として地域に開放するもので、かつて日本の各地に多く存在し、子どもや親の育ちの場となってきました。その数は減少の一途をたどっていますが、今もある家庭文庫は、自由に本を読んだり、時に、わらべうたをして遊んだりと、子どもにとっての楽園といえます。ここでは、とある地方の住宅街にひっそりと存在した小さな家庭文庫のお話をさせていただきます。

## ❶ 私とわらべうたとの出会い

　私がわらべうたのことを考えるとき、まず思い浮かべるのは母のことです。幼稚園・小学校時代を過ごした 1960 年ごろ（昭和 30 年代）、ものの少ない時代ではありましたが、母は私たち 3 人姉妹に丁寧に関わってくれていたように思います。和裁の仕事をしていた母の傍らで母の手作りのお人形で遊んだり、「いちばんはじめは いちのみや」と歌いながらお手玉遊びをしていたのを覚えています。

　高学年になると、小学校の校庭で友だちと一緒に、「とうりゃんせ」や「たけのこいっぽんおくれ」などを繰り返し遊んでいました。内気だった私は、なぜだかわらべうたで遊ぶときだけは、心を解放できたようで、大胆に身体を動かし、声を張って我先にと遊んでいました。その頃になっても時折、母のぬくもりが恋しくなったときには、自尊心もあり妹からは見えないようにして、母に身体をそっとすり寄せていきました。すると、母は、「イチリ、ニリ、サンリ」と言いながら私の背中のツボを上から下に指で軽く押さえ、最後は、シリシリシリ

とお尻をくすぐってくれたのでした。子ども時代の母親の肌のぬくもりと友だちとの楽しい遊びの記憶が、当時の家の畳の匂いや屋外の砂埃に混ざった空気も含めて、今でも鮮やかに蘇ってきます。

　大人になり幼稚園で働くようになった私は、絵本の魅力に惹かれ、仕事を離れてからは、地域の文庫活動に夢中になっていきました。2000 年の「子ども読書年」を契機に、2002 年 4 月より家庭文庫を開設しました。春先、庭に遊びにやってきていためじろにちなんで、めじろ文庫と名づけました。改めて絵本や児童書の勉強をする中で出会った瀬田貞二の『幼い子の文学——童歌という宝庫——』[1] の章中の「母親が子どもがまだ物心のつかないうちから唄う童唄のたぐい、子守唄のようなものが、いちばん大切で、児童文学の第一歩、その基本じゃないか」という一文に刺激を受けました。

　そのころ 50 代の私は、認知症の母の介護が始まり母と対峙（たいじ）する日々でしたが、その中で、幼いころの自分と母の関係を思い出すようになりました。母がよく口ずさんでいた囃子（はやし）言葉や寝るときに聞かせてくれたきりなし話、昔話など記憶の片隅に眠っていたものが、あふれ出してきました。そして、日々の暮らしの中に母と子の大切な時間の積み重ねがあった、これこそが内気な私を支え続けてきてくれたのだと気づいたのです。

　そこで月に一度、文庫の中で、親子でわらべうたを楽しむ時間を設けることにしました。幸せな出会いが重なり、わらべうたを学んでこられた吉村玲子さんが来てくださることになりました。協力してくれる気のいい仲間も加わり、10 畳ほどの部屋は乳幼児の親子であふれるようになりました。

## ❷ 子どもと一緒に遊んだわらべうた

　文庫でのわらべうたの時間は、まず、【家庭】で紹介されている「♪ととけっこう」(p.28) などのうたで、一人ひとりの名前を呼んでや

ります。

　はじめての参加のときは返事のできる子ばかりではないのですが、月齢が低くても自分の名前が呼ばれると、必ずといっていいほど、呼びかけた人のほうをじっと見てくれます。そんな子どもの姿に母親の顔に自然と笑顔が浮かびます。何回も参加するうちに、自分の名前が呼ばれるのを子どもたちは待ち望むようになり、名前が呼ばれると、「ハイッ」とそれはそれは元気な声で答えてくれるようになります。

## かごかごじゅうろくもん

かごかご　じゅうろくもん　　えどからきょうまで　さんもんめ

ふ　かいか　わへ　　は　めよか？　　あ　さいか　わへ　　は　めよか

やっ　ぱ　り　　ふ　かいか　わへ　　　　（どぶーん）
　　　　　　　あ　さいか　わへ　　　　（じゃぼじゃぼ）

　大人が足を前に伸ばして子どもを乗せ、うたに合わせて上下に動かします。うたの終わりで大人が足を広げ、深い川のときは少し高い所から、浅い川のときは揺らしながら徐々に落としてやります。集まっている子どもたち一人ひとりに、「深い川？　浅い川？　どっちがいい？」と聞き、みなでひざのせ遊びを楽しみます。輪になってやっていると、子どもたちの笑い顔を、向かいに座っている子の母親たちも見ることができます。互いの顔を見合っては、そこにいる子や親たちが笑いあい、その場は笑顔で包まれます。

44

## ちっちゃいまめころころ

　うたに合わせて、子どもたちの可愛い足の指を小指から順に１本ずつつまんでいくと、大人側もいっそうの愛情が湧いてきます。親子ともに、その時間が楽しいひとときになるようにと、同じわらべうたを繰り返し取り入れ、自然に身体に溶け込んでいくよう心がけていました。

　そして、簡単に覚えられて子どもたちがとびきりの笑顔になるのは、なんといっても「♪イチリ　ニリ　サンリ」です。

## イチリ　ニリ　サンリ

　イチリ　ニリ　サンリ
　シリシリシリ

　私が、高学年になっても母親にしてもらっていたこのわらべうたは、本来、足からお尻にかけてのくすぐり遊びです。足や手の指先から順に足首（手首）、ひざ（ひじ）、と気持ちのよい刺激でつかんでやり、

最後はお尻（両脇の下）をくすぐります。

　病院の待合室や乗り物の中など子どもたちにとって退屈な時間に、ほんの小さな声で楽しめるのも、このわらべうたのいいところです。

## ❸ 心に残った出来事

　1歳ごろから参加していたショウコちゃんは、はじめ、文庫の部屋に入るのも嫌がり、入ってもお母さんの背中にしがみつき目の端っこでこちらを見ているようではありましたが、なかなかみなの輪に入ってきませんでした。

　半年ほどたったころ、そんなショウコちゃんが、家で、「メー、メー、チュ、チュ、ケ、ケ、キュ、チュ」（♪メン、メン、スー、スー、ケムシニ、キクラゲ、チュ）と、文庫でしたわらべうたを一人で歌っていたと、お母さんが嬉しそうに教えてくれました。

### メンメンスースー

> メン、メン、スー、スー、
> ケムシニ、キクラゲ、チュ

　そして、幼稚園入園まで3年間通ってきたショウコちゃんはいつの間にか文庫で遊びの中心的な存在になっていきました。

　弟ができてからは、お母さんがお出かけの用意をしているときなど、「♪ちっちゃいまめこーろころ…」と歌いながら、弟のまるでお豆のような足の指をつまんで小さなお母さんのようにあやしてくれるようになったそうです。また、夜の絵本の時間、お母さんが疲れてうとうとし始めると、お母さんに覆い被さるようにして「♪えんやらもものき〜」とわらべうたを子守唄のように優しく耳元で歌ってくれることもあったとか。

　中学生になったショウコちゃんは、今、地元のバスケットチームで活躍中です。お母さんが夕食の支度をしていると、ショウコちゃんはお風呂上がりに、背中を丸め、自分の足の指をつまみながら、「♪ちっちゃいまめこーろころ〜」とマッサージをしながら、「これ、好きだったなあー」と呟いていたそうです。私にとって、大切な母との思い出があるように、ショウコちゃんも、小さいころのお母さんの温かな関わりを思い出しているのかもしれません。

## ❹ わらべうたを通した子どもの育ち

　ミズタさんはお友だちに誘われ、2歳の女の子ノリコちゃんを連れて幼稚園入園までの2年間、文庫に通ってきました。親子ともにほとんどだれとも会話がなく笑顔も少ないのが印象的でした。

　めじろ文庫は、「〜ができなければいけない」「〜しなければいけない」などといった制約が何もなく、親子で一緒に気楽にわらべうたを楽しみ、絵本を読んでもらう場所でしたので、おそらく、ノリコちゃん親子にとって居心地はよかったようで、毎月休むことなく通ってくれました。そして、親子は2年間をかけて薄紙をはぐように次第に硬い表情が薄れていき、ノリコちゃんも4歳になるころには笑顔が浮かぶようになりました。子どもの笑顔がミズタさんを元気づけたのでしょうか、ミズタさんの服やお化粧も春色になり、みるみる明るい印象へと変わっていきました。

　ノリコちゃんはほかの子に比べゆっくりではありましたが、わらべうたを通して、私たち大人に対し、安心と信頼を寄せてくれるようになったのだと思います。そして、わらべうたの言葉と心地よいリズムに身体をあずけて繰り返し遊んだ体験が蓄えとなり、ノリコちゃんの心は解き放たれていったのでしょう。

## ❺ わらべうたを通した私（大人）の育ち

　月に一度、子どもたちとわらべうたで遊ぶ中で、私も子どもたちの仲間として受け入れてもらえたようです。

　ある雪の日、かつて文庫に通っていた小学生の男の子たちが私の家までやってきて、「雪合戦しよう！」と友だちのように誘ってくれました。汗だくになって遊ぶうちに気づけばあたりはすっかり暗くなり、慌てて夕食の支度に帰ったのもいい思い出です。また、あるときは、家の玄関の前にきれいな花束がそっと置かれていたことがありました。送り主がわかったのはそれからしばらく後でした。何日かたって、ご近所の方が、小学生の女の子たちからもらった手紙を嬉しそうにもってきてくれました。その方は、畑でできたお花をバケツに入れて、「ご自由におもち帰りください」と看板を立てていたそうなのですが、その手紙には、かつて文庫に通っていた女の子たちの名前で、「きれいなお花をありがとうございました」とメッセージが書かれていたのです。あの花束は、文庫で育った子どもたちのめじろ文庫へのおすそ分けだったようです。こんなふうに、大人の私のほうが、子どもたちに喜びの日々を与えてもらってきました。

## ❻ 最後に

　住宅街の中の小さな家庭文庫で、月に1度わらべうたを楽しんできました。振り返れば、文庫を支えてくれた仲間はもちろん、地域の方々が温かく見守ってくださっていたことに改めて気づかされます。近所のお医者様は、文庫にやって来る親子のために、駐車場を快く貸してくださり、公民館職員の方々は、「公民館だより」に文庫のお知らせを毎月載せてくださいました。近所の方も長い休みに遠方から帰省した孫と一緒にたびたび遊びに来てくれました。私の文庫もまた、こうして、私と同様に地域の中で育てていただいたのだと思います。

　2018年8月、かつて住宅地で文庫を開いていたところから、車で1時間半ほどかかる山間部に引っ越しました。それにともない、めじろ文庫も引っ越しました。現在は、新たな土地での嬉しい出会いがあり、保育所、こども園などに出向いて、子どもたちと絵本やわらべうたを楽しんでいます。

　いつの時代でも、どこの場所でも、わらべうたで遊ぶ子どもたちの笑顔は普遍的なものです。私が子どもたちとの関わりの中でいつしか学んだ「人に丁寧に関わること」「欲張りすぎないこと」そして、「常に子どもたちの姿に学ぶこと」を心の指針にしながら、私ができることを、この新たな土地で始めてみたいと思っています。

# 療育

和田幸子

障害のある子どもと関わろうとするとき、私にとってわらべうたはごく自然に出てくるものでありました。楽器を介さず、子どもといるその場でおしゃべりの延長のように歌えるわらべうたは、不思議な出会いを生み出しました。また、障害ゆえに、なかなか関係性がとれず悩む場面でも、わらべうたは子どもと仲良くなりたいという願いをもち続ける原動力となりました。私が保育士として関わった療育での一場面[1] をお伝えします。

## ❶ 私とわらべうたとの出会い

　私は、幼少時や学齢時に遊んだわらべうたをいくつか記憶しています。夕方、公園のブランコをこぎながら「あしたてんきになあれ」と靴飛ばしをしたこと、私より大きい子たちが手をつないで円くなり「かごめかごめ」と歌いながら回っている様子を離れたところからじっと見続け、ついには声をかけてもらって仲間に入れてもらったこと、同い年の友だちと「だるまさんがころんだ」と唱えて息をひそめて鬼に近づいたこと、なわとびうたを歌いながら跳び続けたこと、家では親がえかきうたを歌って描いてくれるのを見ていたこと、などです。いずれもわらべうたを歌う声と、その遊び、その場所の風景とが一緒になって記憶に残っています。

　これまで、心身の発達が遅い、言葉が出ない、多動である、子ども集団から外れていくなど、保護者が障害ではないかと心配していたり、またすでに障害の診断をされた子どもに出会ってきました。保育室、ホールを駆け回り続ける子、不安なのか泣き続ける子、高いところに

登っていって悠々と見下ろす子、そんな子どもたちとわらべうた遊び
をしようとするとき私が行きついた方法は、歌って遊んでしまう、と
いうものでした。説明せず、近くにいる子どもとまず歌い、遊び始め
るのです。

## ❷ 子どもと一緒に遊んだわらべうた

わらべうたと遊びの様子を紹介していきましょう。

### おなべふ

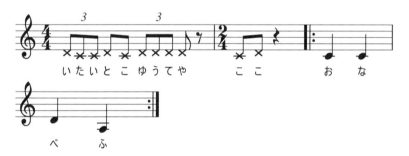

子どもの片手をもって「いたいとこゆうてや」と問いかけ、軽く手
のひらをたたいてみます。子どもは自分の手のひらを「ここ」と指さ
して答えます。その場所を私の手で包み込み親指を当てて、「お」「な」
「べ」「ふ」と歌っては一指ずつひじまで触っていきます。ひじのとこ
ろの音が「お」なら「おしゃれ」、「な」は「なまけもの」、「べ」は「べ
んきょうか」、「ふ」は「ふまじめ」、と占ってあげます。子どもは、「お
しゃれ」や「べんきょうか」ではニッコリとします。何より、手のひ
らから手首を通り、ひじまで親指でたどって触ってもらうというのは、
子どもにとってはわくわくとする遊びのようです。

一人の子どもにしていると、ほかの子どもも寄ってきて、一列に並
んで順番を待っています。「並ぶのよ」などと言わなくても、きっと
自分もしてもらえると期待して順番を待っているのでしょう。

## だるまさんがころんだ

　私もよく遊んだこのわらべうたは、鬼役を作らず、シンプルな遊び
にしています。唱えながら走る、そして止まる、その繰り返しです 。
何度も繰り返して走ります。走りながらタンバリンを振って音を鳴ら
し、パンと鳴らして動きを止めることもします。走り回っていた子も、
高いところに登っている子もいつの間にか交じっています。

　まだ歩けない３歳のトモヤくんはみなが走るその輪の中心で嬉しそ
うに四つ這いでくるくると回っていました。「ヤー」と大きな声をあげ、
そしてみなの動きが止まったらトモヤくんは発声を止めていました。
そこで「だるまさんが」と歌いながらタンバリンを差し出すと、トモ
ヤくんは「ころんだ」を歌いきるタイミングを待ち、手を伸ばし勢い
をつけて叩きました。トモヤくんは歩いたり走ったり、話したり歌っ
たりすることはないのですが、一緒に「だるまさんが」を楽しんでい
るのがわかりました。ついには私の手からタンバリンを取ると、みな
の歌う声と動きに合わせて振り、パンと鳴らして動きを止めることを
楽しみます。身体や言葉の発達に遅れのあるトモヤくんが、こうして
みなの遊びをリードすることもあるのです。

## ❸ 心に残った出来事

　そんなトモヤくんが、座位でみなの遊びの場にいるときに起こった
出来事です。「ずくぼんじょ」では、プレイクロス（65cm四方のオー
ガンジー生地）を頭にかぶせ、透けてみえる状態で歌いながら頭をト
ントンと押さえ、「ぬいてちょうだい」と歌い終えると同時にプレイ

クロスを剥ぎ、顔を見合わせることを楽しんでいました。

## ずくぼんじょ

ず　く　ぼんじょ　ず　くぼん　じょ　　ずっきん　か　ぶ　って

で　て　こ　　ら　さい　　　　　ぬ　い　て　ちょう　　だい

　トモヤくんは私のところに来て、早々に私の頭上のプレイクロスを引っ張り、そして這って向こうへ行ってしまいます。このわらべうたを歌い終えるまで待てない、というより、トモヤくんにとってはただプレイクロスを引っ張ることがおもしろいのでしょう。そんなとき私は、このわらべうたの拍感を味わってほしいなあという願いをもち、ほかの子どもと歌い遊び続けるのです。

　そんなトモヤくんですが、わらべうたの音楽を味わっているのだなと感じる場面がありました。「ダイコンツケ」は両手の甲を前に出し歌いながら上下に動かします。大根に塩をまぶして漬け込むようなしぐさです。そして「うらがえし」で手のひらをみせて上下に動かします。このように手のひらを下に向け、上に向けて、拍感を手の動作で刻むようにして遊んでいるのですが、トモヤくんは片手が突っ張り両手を揃えては動かしにくい様子でした。それでも私の動きをまねようと、前に出した両手を上下に動かしています。穏やかな表情で私の顔を見つめています。私はトモヤくんを見て歌いながら両手を上下させることを続けます。私とトモヤくんの「ダイコンツケ」の遊びは、こんなささやかな一コマですが、同じ拍感を感じるというのは嬉しいこ

53

とだと確認し合える出来事になったのです。

### ダイコンツケ

### ④ わらべうたを通した子どもの育ち

### うえからしたから

　「うえからしたから」は、20枚の新聞紙を貼り合わせてバルーンのようにしたものを使って遊びます。保育者、大人が端をもち、歌いながら上へ、下へ、とゆっくりとなびかせます。子どもたちは新聞バルーンの下にいて、風を受け、バリバリという音を聞き、風圧も感じます。保育者はこのわらべうたを何度も歌い続けます。子どもたちがくぐり抜け、跳び上がり、大きな声を発しているうちに、新聞紙の穴やちぎ

れが大きくなります。それでも端紙をなびかせて歌い続けます。そんな中で、座位のトモヤくんがくっと立ち上がりました。トモヤくんがはじめて立った瞬間をわらべうたを歌いながら見守ります。すぐに座るのですが、再び立ち上がる、ということを繰り返しました。

　トモヤくんがみなの遊びの輪に入れたこと、保育者と共感できたこと、手足の動きが促されたこと、これらがわらべうたの効用だといい切ることははばかられますが、わらべうた遊びをする場にいることを重ねた結果として、トモヤくんの育ちをみることができます。

　障害のある子の、その子どもの様子をよく見ようと努め、ほかの子どもたちへの関わりも含めて、わらべうた遊びを続ける中で、子どもは育っていくのです。

## ❺ わらべうたを通した大人の育ち

　わらべうたを通した保育の中でのトモヤくんの 1 年間の様子を紹介しました。ここで、トモヤくんの母親について触れておきたいと思います。乳児期から障害が明らかであったトモヤくんを育てる母親の不安、負担はどれほど大きかっただろうと察します。身体機能訓練にも早い時期から親子で通っておられました。その成果が見えるのかわからなくなった時期に、私たちの療育機関に来るようになりました。母親は保育参加されるものの、トモヤくんは特に母親に甘える様子もなく、母親もトモヤくんを呼び寄せるわけでもないという状態でのスタートでした。

　このような状況で、トモヤくんはわらべうた遊びを経験していきました。実ははじめから順調に参加したわけではありませんでした。ホール内を這って自由に動くトモヤくんを、危険のないように、歌いながら見守った時期がありました。保育者が抱きかかえて連れ戻すのでもなく、子どもたちのわらべうた遊びのところへ、トモヤくんも行けたらいいなあ、と願っていたのです。

トモヤくんの場合、這ってわらべうた遊びの輪の隊形の中を通り過ぎることがありました。みなは手をつないでぐるぐると回り続けます。するとトモヤくんは嬉しそうにその場で這って回るようになります。手をつないで回るみなとトモヤくんが、わらべうたにのって同じ気分になれたような時でした。

　このようなことがきっかけになったのか、不思議なことにトモヤくんがわらべうた遊びの場にとどまるようになっていったのです。それが、②③④で記した姿です。

　母親も、トモヤくんがわらべうた遊びの輪の中に参加していることを見るようになりました。それは身体機能訓練で身につけてきた、いわば大人主導に添う参加とは異なり、トモヤくんの自発的な動きであることに気づかれました。わらべうた遊びを楽しむトモヤくんをいとおしく思われたのでしょう。笑顔が増え、私たちの声かけにもはずんで答えてくださるようになりました。

　わらべうたを歌って保育をするとき、私は子どもへの語りかけが生じていると気づきます。わらべうたを歌いながら、トモヤくんの成長を願い続けた日々でした。1年間こつこつと続けてきたわらべうた遊びの中で、トモヤくんが自分もやってみたいという気持ちをもち、身体の動かせるところを精一杯に動かして参加して応えてくれるようになったのです。トモヤくんのその変容の過程が、母親にとっても感性を揺さぶられるものであったことが貴重なのです。

## ❻ 最後に

　それぞれの子どもが"一人ひとり"充実すること、そして"みなで"いることに積極的意味を見いだしていくことを目指したいものです。障害のある子どももそのような保育の場で育っていってほしいと思います。一人ひとりの子どもをよく理解しようとまなざしを向けること、そして子どもへの具体的な願いをもつこと、そのための手だてを考え

て実践すること、この３つの循環をイメージしていたいと思います。わらべうたを用いることは保育実践の手だてです。子どもを見ながら歌い始め、手足を動かして遊び、子どもの様子を見ながらアクションを強めたり緩やかにしたりします。わらべうたを歌うことは、障害のある子どもたちへの語りかけです。それとともに、自身の心身のコンディションを少しずつ整えることにもつながるのです。

# 大学

梶谷恵子

未来の子どもたちの育ちを支えていくことになる若き保育者の卵は、今、大学で地道に学びを重ねています。私は縁あって母校の大学の保育者養成に携わることになりました。人との関わりや遊びなどの実体験が希薄になりつつある今だからこそ、学生には遊び心を全開にして子どもと触れあい、互いに心を通わせてほしいと願うようになりました。そこで、当時、孫と一緒に楽しみ笑顔を交わし合っていたわらべうたを様々な学びの機会に取り入れることとしました。するとどうでしょう。わらべうたを通して、子どもたちだけではなく、学生も大きく成長していったのです。ここでは、そんな学生の育ちの一場面を紹介していきます。

## ❶ 私とわらべうたとの出会い

　私の家庭は、その地域の中では当時珍しくサラリーマン家庭であったことから、農繁休暇に近所の子どもを預かることが多くありました。小学生であった私は、「あんよはじょうず、ここまでおいで」「あがりめ、さがりめ、くるっとまわってにゃんこ（猫）のめ」などと言いながら、小さい母親きどりで幼い子どもたちをあやしたものでした。幼稚園・小学校時代を通して、まりつき、なわとび、鬼遊びなど様々なわらべうたに親しみましたが、なかでも特に思い出深いのは、からかい唄や悪口唄です。男の子たちを先頭に、隣の学校に向かって、「○○の学校ぼろ学校、雨が降りゃどうど漏り、雪が降りゃぺっしゃんこ」と囃せば、隣の学校の子たちも「△△の学校ぼろ学校、…」と応戦してきます。学校の造りに大差はありませんでしたが、このうたは何と

も愉快で、友だちと声を張り上げて歌っては、お腹を抱えて笑いころげたものでした。

　子どもの頃は自然にわらべうたに親しんでいた私ですが、幼稚園教諭時代には、積極的にわらべうたを保育の中に取り入れるということはありませんでした。そんな私が、再びわらべうたに魅せられたのは、2007年初孫の誕生がきっかけでした。前出（p.42）の赤松百合子さんが主宰されていためじろ文庫に、娘と孫を連れて訪問させていただいた時に教えていただいた「○○サントイウヒトガ」というわらべうたを通して、孫がいっそう愛おしく感じられたのです。

### ○○サントイウヒトガ

　子どもの名前を呼びながら頭をなで、目の周りを８の字になで、小鼻をつまみ、口の周りをなで、顎を２回なで下り、胸を２回おへそまでなで下ろし、おへそをくすぐります。孫の柔らかな肌の上を滑らせていったときの私の指先で感じた心地よさと、自然とこぼれる互いの笑顔になんとも言えない幸せを感じました。そして、このうたは、孫や娘、私の大のお気に入りとなりました。時に、寝ぐずりのときには、子守唄として歌ってみると、孫はすうっと夢の中へと入っていったも

のでした。それからというもの、孫の成長に合わせていろいろなわらべうたを楽しんでいました。わらべうたのおかげで娘の子育ても喜びが増しているように思えました。

　時を同じくして、大学が文部科学省の「特色ある大学教育支援プログラム（Good Practice）事業」（2010 年試行、2011-2013）として「学生の就業力育成」に関する研究を引き受けることになりました[1]。人と関わる力は、保育職の重要な就業力です。私は迷わず、人との関わりを生み出すわらべうたを取り組みの主な柱とすることとしました。

## ❷ 学生が子どもと一緒に遊んだわらべうた

　大学では、わらべうたの講習会を実施したり、地域の幼稚園との交流や附属幼稚園の未就園児親子に向けたわらべうた実践の会を企画したりなど、学生がなるべく直接子どもたちと触れあうことができるよう計画しました。その中でも、学生が童心に戻り、子どもと一緒に本気で遊び込んだ印象的なわらべうたを紹介します。

### だるまさんだるまさん

　このわらべうた遊びに興じる姿は、一昔前ならどこの家庭でも普通にみられる光景でしたが、今は遊んだことがないという人も。しかし、このわらべうた、現代においても子どもや若い学生を夢中にさせる魅力があるようです。

　授業の一環として、近隣のこども園を訪れ、わらべうた実践をしました。大学 4 年生が 4 歳児と 1 対 1 で向き合いあぐらを組みます。腕組みした体勢のまま、左右にしっかり揺れると、バランス感覚も養われます。いよいよ「あっぷっぷ」でにらみ合いです。おもしろい表情の顔、顔、顔。周りで見ているだけで吹き出してしまいます。なかには百面相のように表情を変えたり、目を白黒させたりしながら頑張っている子どもや学生もいて、なんとも愉快です。「目と目をしっかり見つめあう体験が新鮮だった」とあとから学生が教えてくれました。

### ▦ いもむしごろごろ

　私立幼稚園でのわらべうた実践の一場面です。学生がまず、数珠（じゅず）つなぎにしゃがんで並び、「♪いもむしごーろごろ　ひょうたんぽっくりこ」と遊んでみせた後、子どもたちと一緒に芋虫になって連なり前進していきました。大きな体と小さな体、でこぼこコンビの数珠つなぎで行進です。学生にとって、子どもと一緒に座位のまま脚を高く上げ、歌いながら歩くのはかなりの運動量のようで、普段は動かすことのない部位を使い、顔を真っ赤にして遊んでいました。なかにはひっくり返ってその列を崩してしまい、「あ〜あ」と子どもに笑われてしまう一場面も。ただただ腰を落として歩くだけなのに、一連隊がユーモラスな動きで歩き回る様子は、あたかも生きたいもむしのよう。純粋な気持ちで、子どもと本気で遊ぶ学生たちの姿は、とても微笑ましいものでした。

　わらべうたでいったん遊んでしまえば、子どもたちは学生たちのこ

とが大好きになるようで、わらべうたの時間が終わった後も、玄関まで見送りに来てくれて、いつまでも別れを惜しんでくれるのでした。

## ❸ 心に残った出来事

　大学で行ったわらべうた講習会は、自主参加としました。そこは学生の自主性に任せたかったからです。講習会に継続して参加した学生は多くおり、どの学生も笑顔を浮かべ、わらべうたを楽しんでいたようでした。ところが、数人の学生に、そこでの1年半の学びを振り返ってもらったところ、何人かは、当初、肌と肌が触れあうことに対して強い疲労感があったことを吐露してくれました[2]。みなの「ノリ」に合わせて、楽しさを演じていたのだそうです。なかには、「母親と温かな肌の触れあいの記憶が自分にはなかった」と伝える学生もいました。しかし、素晴らしいと思えるのは、様々な葛藤を抱えながらも、そうした学生たちが、わらべうたを通した学びを求め続けたことです。

　セイコさんは、同じく初回の体験で、「なんだか心身が疲れ切ってしまった」と語った一人でした。その後も、「保育にわらべうたを取り入れることの意味は何か？」と自問し、「わらべうたを心から楽しめない私は、保育者に向いていないのではないか」と自信をなくしたこともあったようですが、2回、3回と講習会に参加する中でお気に入りのわらべうたとも出会っていきました。どちらかといえば、「こうあるべき」と思いがちだった保育のとらえ方も緩やかに変化していき、最後は、「一人ひとりの発達曲線には違いがあって当然ですよね。最近はひたすら子どもと一緒にわらべうたを楽しめる存在になることが、大切なんじゃないかなって思えるようになりました」と晴れやかな笑顔で伝えてくれるようになりました。卒業前の最後の講習会、身体の緊張感がほどけ、飾り気のない笑い声を響かせていたセイコさんの姿は、今も私の心に残っています。

## ❹ わらべうたを通した学生の育ち

【家庭】でも紹介されている「にぎりぱっちり」(p.26)で、学生が２歳の子どもたちと黄色い布で遊んだ後のことです。

遊び終わり、袋の口を広げ、子どもたちの布を集めていました。子どもが一人また一人と、布を返すうちに、袋から布があふれそうになりました。学生が、ぎゅっと、片手を握りこぶしにして押し込もうとしたその瞬間、女の子が慈しむように布を見つめ、「ひよこさん、さようなら」「またね」と声をかけたのでした。学生は、子どもの象徴機能（見立てる力）については授業で学んでいました。しかし、目の前の子どもは、見立てるだけでなく、さらにそこに生き生きとした命をも感じていることに改めて驚いたのでした。はっとした学生は、「おかえりなさい」と、その「ひよこ」を迎え入れました。子どもの想像力は、大人のそれをはるかに凌駕するものであることを、学生は学んだのでした。

保育実習に行く前の学生に、ある授業で、【家庭】で紹介されている「イッチクタッチク」(p.37)のわらべうた遊びで使える軍手人形を作ることを課題としています。しかし、実際には、現場でなかなか活用する勇気がもてなかったり、小さな子には、その遊びが理解できるはずがないと思い込んでしまっていたりする学生も多くいるようです。

そんななか、ある学生が、私のところにやってきました。「１歳児クラスの実習の最終日に、時間が余って…。どうしようと思ったときに、あれ（軍手人形）があると思いだして、その場しのぎで『いっちくたっちく』をしてみたら、子どもたちが食い入るように見て、『もっかい！』の大合唱になったんです。繰り返すうちに『いっていくたっていく』と歌いだす子までいて。実習の最初にこのわらべうたをしていたら、もっと子どもたちとの距離が縮まっていたかもしれません」と、一気

に語る学生の話を何とも嬉しい思いで聞きました。彼女は、それから機会があるごとにわらべうたのボランティアに参加し、今ではわらべうたが彼女の得意分野として、自他ともに認められるものとなっています。

## ❻ 最後に

　今、保育現場は大きな変化のときを迎えています。保育の無償化、預かり保育や子ども園化の促進、朝の健康しらべなど人の手で行われていたものがAIへ置き換わるなど、人と人の関わりがますます希薄になっています。そして、高い離職率により、保育者としての専門性が受け継がれにくいといったことも大きな懸念材料です。

　保育の場で子どもたちが日々安心感を抱きながら、夢中で遊び、仲間と育ちあえる生活を保障していくのは、これから先も変わることのない保育者としての使命です。そんな中、わらべうたは、小さな希望の光のように思えます。わらべうたは、幼少期の子どもが育っていく上で温かな人と人とのつながりを生み出し、保育の現場に足を踏み出そうとする学生の育ちにも大きく貢献してくれます。保育の現場に出てからも、わらべうたで遊ぶことで、子どもに温かなまなざしを向けていくことができるでしょう。何より、楽しいわらべうたを届けてくれる先生のことを子どもは大好きにならずにはいられないはずです。それは、保護者からの信頼を得ることにもつながり、家庭と園の連携にも役立ちます。

　とはいえ、保育の現場に出てから、わらべうたを学び続けることは容易ではありません。現在、再教育の場として、わらべうたの会を卒業生向けに企画したり、保育者向けにわらべうたをテーマとした研修講座を用意したりするなど、大学内でわらべうたの学び直しができる機会を設けています。大人であっても、やはり、わらべうたは遊んでみなければそのおもしろさと奥深さに気づくことはできません。体力

の続く限り、子ども時代に遊んだように、子どもも大人も含め、これからも多くの人と一緒にわらべうたで遊び続けたいと思います。

## 第2章のまとめ

　5人の語り手とわらべうたの出会いは、5人5様です。出会った時期も、出会い方も、そこで生み出された育ちの物語も様々でした。

　しかし、オアシスの泉が地下深くつながっているように、5つの場所は、「人と人とのつながり」という地下水脈でつながっていたように思います。そして地上では、穏やかで温かい声やまなざしが行き交い、子どもは、健やかな育ちの姿をみせてくれました。

　何より驚かされるのは、子育てに不安な思いを抱えていた親の気持ちが和らげられ、保育に自信のなかった学生が力を蓄え、保育者の子どもを見る目が育っていくなど、大人の育ちが目覚ましかったことです。

　読者のみなさんの中には、わらべうたが自然と出てこないといった違和感を抱えている方もいることと思います。ここでの子どもや大人の育ちの姿に励まされながら、そんな心のトンネルをもう少し前に進んでみれば、きっと、あなたの周りにオアシスが広がることでしょう。

　では、なぜここまでにわらべうたを通して、子どもと大人の育ちがみられたのかといった点については、第3章・第4章で考えていきたいと思います。

# わらべうたと
# 心理学

# わらべうたと心理学

　わらべうたは、子どもと遊んでみなければその良さはわかりませんが、一方で、遊んでみても、その良さをなかなか言葉にはしにくいものです。

　そこで、ここでは心理学の視点から、わらべうたの秘めた魅力に迫っていきたいと思います。

　心理学とは、人間の心と行動を対象とした学問です。人間とは何かといった哲学的問いを引き継いだ比較的新しい学問ですが、これまで実に多くのことがわかってきました。今回は、心理学の中でも、6つの研究領域に絞り、人間本来の育ちの姿を、それぞれの筆致で描き出していただくとともに、わらべうたに含まれる育ちのエッセンスについても触れていただくこととしました。

　まずは進化心理学です。進化心理学では、集団で暮らすヒト以外の霊長類との比較から、人間の本質について考えていきます。次に身体心理学です。わらべうたは身体性をともなうものですが、赤ちゃんがこの世に誕生して、人との関わりの中で肌と肌を触れあわせることの意味について考えていきます。乳幼児期に育まれる言葉と感情の育ちについては、言語心理学・感情心理学の観点から、そして、児童期の学習に向かう力として幼児期に求められる体験については、教育心理学の観点から解説していきます。最後は、生涯発達心理学です。赤ちゃん期から次世代に命をつなぐ高齢期に至るまでのライフサイクルを示しながら、私たちのそばにわらべうたがあることの意味を考えていきます。

# 第3章の構成

　実践の場で直観的に語られていたこと、あるいはあたりまえにしていたことが、実は科学の最前線であったということはよくあることですが、ここでもそんな驚きと出会えることでしょう。
みなさんには、最初にそれぞれの研究領域を紹介していただいた上で、以下の3つの構成でまとめていただきました。

**❶ エピソードを読み解く**
　わらべうたに関するあるエピソードを、各研究領域の視点から考察します。

**❷ 育ちのエッセンス**
　わらべうたと関連すると考えられる育ちのエッセンスにテーマを絞り、研究の最前線を紹介します。

**❸ メッセージ**
　それぞれの心理学者からのメッセージです。これからの時代だからこそ、子どもや大人の育ちにわらべうたがあることの意味を述べていきます。

　わらべうたの知の探究の旅を始めましょう。

# 進化心理学

林　美里

## 進化心理学とは

　進化心理学とは、「ヒト以外の生物との比較から、ヒトの心の進化的基盤を探る」という心理学の一分野です[1]。チンパンジーとヒトの遺伝子の違いはわずか 1.23% とされています。いわば進化の隣人であるチンパンジーと比べることで、ヒトの心が進化と発達の過程でどのように生まれてきたのかを推測することができます。

## ❶ エピソードを読み解く

### エピソード：自然と身体が動き出す

　朝の登園時、数人の子どもたちが保育園の一室に集まっています。4歳のカナちゃんが、母親とお別れしたさびしさを紛らわせるように、先生の胸に飛び込んできました。先生はカナちゃんを両手で受けとめると、カナちゃんを上向きに寝かせ、ゆりかごを揺らすように両手を左右に優しく動かして、「どんぶかっか　すっかっか」と小さく歌い始めました。カナちゃんは、足をばたつかせ、けたけた笑い声をあげて大喜び。カナちゃんの求めに応じて何回か繰り返し歌っていると…。

　先生の視界に小さく揺れるかわいらしい影が映りました。2メートルほど先、先生の声も届いていないであろうその場所で、1歳半のマユちゃんが、両足をぴんと伸ばしたまま、左右に重心を移しながら、身体を大きく揺らしていました。先生の腕の動きと遠く離れたマユちゃんの身体が1つのリズムをなしていました。

　先生が、マユちゃんに微笑むと、マユちゃんは口元をほころばせ、先生のもとに駆けてきました。

## どんぶかっか

どん ぶかっか　すっかか　あっ たまって　あがれ　かわらの　どじょうが

こがいを　うん で　あずきか　まめか　つずらのこ　つずらのこ

### 【進化心理学の視点からエピソードを読み解く】

　ヒトの子どもらしさが感じられる、かわいらしいエピソードですが、実はチンパンジーでも似たような姿をみることができます。わらべうたの根幹は、わかりやすい音階とリズムの繰り返しで構成されているということかもしれません。生身の人間同士の、直接の身体接触があることはもちろん重要ですが、その場にいるほかの子どもたちにも自然と伝わって、場の全体にリズムの同調が生み出される。わらべうたがもつ人と人の心を結びつける力というのが、このエピソードから感じられるように思います。身体の動きが自然に同調することで生まれる一体感は、ヒトに近いチンパンジーにもあるのでしょうか。筆者が20年にわたって研究を続けた京都大学霊長類研究所における、チンパンジー研究の知見をもとに、進化心理学のいくつかの観点に沿って、考えてみたいと思います。

## ❷ 育ちのエッセンス：進化心理学的知見

### （1）母子の関わり

　母親が子どもを育てるというのは、一見あたりまえのことのように思われます。しかし、魚や爬虫類（は ちゅうるい）などには、卵を産むだけで子育てをしない種も多くあります。哺乳類（ほ にゅうるい）は、母親が赤ちゃんを産んで、母乳

図1　生後1ヶ月の子ども・アユムを足でつかんで「高い高い」をしてあやすチンパンジーの母親・アイ（撮影：落合知美）

を与えて子育てをします。さらに霊長類では、手足で物をつかむことができるので、子どもが母親にしがみつき、母親は子どもを抱くことができます。そのため、ほとんどの霊長類では発達の初期に母子が密着して過ごす時期があります[2]。ヒトにもっとも近いチンパンジーでは、生後1年ほどは母親と子どもがつねに接触していることが普通です。母親は授乳をし、子どもと遊び、子どもを保護することで、育児をします（**図1**）。野生チンパンジーの子どもは、5歳ころに離乳をして、母親は次に産まれた弟妹の子育てを始めます。兄は、大人の男性のグループに仲間入りしようと努力します。姉は、母親のそばに残って弟妹の世話を手伝うこともありますが、性成熟を迎えると近隣の別の群れに移動します。

　野生のチンパンジーは、赤ちゃんのときから母親に育てられて、大人になるまでの間に自分の母親が弟妹を育てたり、ほかの母親が子育てをしたりする姿を目にする機会も豊富にあります。自分でも、同じ群れに暮らすほかの子どもたちと遊んだり、お世話のまねごとをしてみたりすることもあります。そういう経験をつむことで、いざ自分が出産を迎えたときも、うまく子育てを開始することができます。ところが、飼育下のチンパンジーでは、約半数の出産で、育児拒否や育児困難がみられるといわれています。ヒトに育てられ、チンパンジーら

しい行動を学ぶ機会も、子育ての仕方や子どもとの関わり方を学ぶ機会もなければ、ある意味当然なのかもしれません。ヒトに近いチンパンジーにとって、「母性」は本能的なものではなく、生後の経験によって学習することが必要だということがわかります。

　飼育下のチンパンジーで育児拒否や育児困難が起こると、ヒトが母親代わりになって人工保育をするというのが従来のやり方でした。しかし近年になって、動物福祉の観点からも、チンパンジーらしい社会行動を子どもが身につけるためには、母親に育てられることが大切だということが認識されるようになりました[3]。チンパンジーの母親に育てられた子どもでは、人工保育の子どもに比べて認知発達が促進される可能性も示されています[4]。また、育児拒否が起こっても、周囲の人間が積極的に介入することで、母親の育児行動を引き出せることもわかってきました[5][6]。さらに、西アフリカ・ギニア共和国・ボッソウの野生チンパンジーでは、母親が死んだ子どもの世話を続け、ミイラになるまで長期間持ち運ぶ事例が報告されています[7]。母子間の相互インタラクションによって、双方向の愛着関係が形成されていることの傍証と考えられます。

## （2）集団の中での子育て

　チンパンジーは、複数の大人の男性と複数の大人の女性がいる複雄複雌群で暮らし、乱婚型の社会といわれています。ただし、群れの男性同士は、何らかの血縁関係にあるので、父親が誰かということはそれほど大きな意味をもちません。大人の男性全員が、群れのなわばりを守ったり、女性や子どもを保護したり、やんちゃな子どもたちと遊んだりと、集団で父親的な役割を担っています。子づれの母親同士が自然に集まって、子ども同士が遊んでいる間に、母親たちが休憩したり毛づくろいをしたりする姿もみられます。群れを出る前の若い女性が、小さい子どもの相手をしようと寄ってくることもあります。

　チンパンジーは、性成熟を迎えた女性が近隣の群れに移動すること

が多いのですが、第1子だけを出自の群れで産むことや、移動せずに出自の群れに残ることを選ぶ女性もいます。チンパンジーは50歳くらいまで生きますが、ヒトのように長い閉経後の時期がないとされていて、最後まで子育てをしている女性もいます。ボッソウのチンパンジーでは、若い母親が出自の群れで第1子を出産し、祖母にあたる女性がそのときに自身の子育てをしていないばあいには、ヒトのような「おばあさん」行動がみられます。祖母にあたるチンパンジーが、若い母親の代わりに子どもを保護したり、運搬したり、遊んだりします。チンパンジーの育児では、母親の存在が重要なことはたしかですが、母親の周囲にほかのチンパンジーたちが暮らしていて、集団の中で子育てをしているということも大切です。

　チンパンジーとの共通祖先から分かれたヒトの祖先は、集団の中に家族という単位をもつようになり、父親が誰かをはっきりさせることで、父親も子育てに協力するようになりました。さらに、女性は同じ集団の中にいながら家族間を移動すればよいだけになり、近くに暮らす閉経後の女性が「おばあさん」として若い母親の育児を支援することも増えたのでしょう。これらの変化によって、母親以外の人も子育てに協力することで、短い出産間隔で複数の子どもを同時に育てることが可能になりました。たくさんの家族が同じ集団の中にいるので、互いに協力して、年上の子どもたちも祖父母もいる多様な年齢層の人々のつながりの中で、子どもの育ちが支えられていたのでしょう。

## （3）リズムの共有

　チンパンジーはヒトと同じく、集団で暮らす社会的な生き物です。ヒトのような話し言葉はありませんが、多様な音声や身振りを使ってコミュニケーションをしています。音声にも身振りにもリズム的な要素が含まれていて、それが同調することもあります（**図2**）。

　音声では、広い森の中で自分の居場所を知らせ、遠くにいるチンパンジーとコミュニケーションをとるために、パントフートと呼ばれる

音声が使われます。最初は小さな「フーホーフーホー」という声から始まります。チンパンジーによっては、声に合わせて拍手をしたり、足で地面を叩いたりして、だんだん気持ちを盛りあげていくようです。クライマックスの大きな

**図2** 12歳になった息子のアユムと一緒にパントフートの発声をするチンパンジーの母親・アイ（撮影：筆者）

叫び声のところで、野生のチンパンジーであれば大木の板根を手足で叩いて太鼓のような音を出すこともあります。

　ほかにも、急に強い雨が降ってきたときなどに、レインダンスという誇示行動（ディスプレイ）をすることがあります。雨に濡れるのもかまわずに、大人の男性が仁王立ちになって体を揺らしたり、走り回って枝を揺すったりします。このリズミカルな運動は、雨音に反応してみられます。ほかのチンパンジーの動きに合わせて、リズミカルな運動がみられ、そのリズムが同調することもあります。並んで歩くチンパンジーの歩調のリズムがそろっていたり、遊びの中で動きがそろったりします。野生チンパンジーの行動観察からでも、チンパンジーにリズムの共有がみられるということがわかります。

## （4）同調性

　チンパンジーがリズムに同調するのか、近年になって飼育下での実験的な研究が行われるようになってきました。隣同士に座ったチンパンジーが、それぞれのタッチパネルの左右にあらわれる2つのリンゴの絵を交互に押すとき、どれだけ相手のチンパンジーのリズムと同調

するかを調べた研究があります[8]。ヒトでは、自然に隣の人のリズムと同調することがわかりました。チンパンジーでは、ヒトと同じ条件では自然な同調はみられませんでした。しかし、相手のチンパンジーのタッピングのリズムが自分の前のモニターから聞こえてくる条件では、相手をまったく無視しているわけではないという結果も得られました。さらに、向かい合った状態で、相手が左右のボタンを押す動きが音と視覚の両方で確認できる条件にすると、ペアの片方のチンパンジーが相手のタッピングのリズムに同調するという結果が得られました[9]。

　キーボードを使った新たな実験場面もあります。「ソ」と「ド」の鍵盤が交互に光り、チンパンジーはそれを各自のリズムでタッピングします。そこにメトロノームで何種類かのリズムを流します。まったく課題には関係ないので、無視してもよいのですが、ヒトでは自然にメトロノームのリズムに同調してしまいます。チンパンジーでは、自分のふだんのリズムに近いメトロノームのリズムが聞こえてきたときには、それに合わせることがありました[10] [11]。自然にリズムが同調するというのは、ヒトでよりはっきりとあらわれる現象のようですが、チンパンジーでも一部の条件下ではみられるということが、実験研究から確かめられました。

　もう1つ、最近、おもしろい研究が報告されました。チンパンジーにリズム音を聞かせると、体を揺らしたり、頭を振ったり、拍手をしたり、足踏みをしたりといった、リズミカルな運動が起こりました。特に、女性よりも男性の反応のほうが大きく、リズミカルな運動をしながら発声をすることもありました。中でも音に対する反応がもっとも大きかった男性1個体で、よりくわしい分析をしてみました。すると、二足姿勢で立っている場合、テンポの速いリズム音を聞いているときには体の動きが速く、ゆっくりとしたテンポのときには動きが遅くなっていることがわかりました。また、音が聞こえているときだけ、

音源のスピーカーに近づく行動がみられました[12]。そもそも実験室に来てもらうためには、彼らが集団で暮らす運動場から、自主的に個別の部屋に入り、通路を歩いて移動してもらわなくてはいけません。チンパンジーの自由意思で実験に参加し、リズム音が聞こえなくなると今までの盛り上がりがすっと消えてしまい、次を催促する場合もあるということからも、チンパンジーがこの実験を楽しんでいるといえそうです。

## （5）共感性

　他者とリズムが同調することで、チンパンジーも一体感を感じているのかを直接確かめることはできません。それでも、野生のチンパンジーの行動観察からも、飼育下での実験的研究からも、リズムの共有や同調がチンパンジーにもみられることはわかってきました。ヒトのように複雑なリズムや音階をともなう音楽ではありませんが、音楽の起源となるようなリズムへの感受性はチンパンジーにもありそうです。

　チンパンジーが他者の心を理解しているのかどうかについても、以前から研究が行われてきました[13]。目に見える状況や行動から、他者の心的状態を理解して、次の行動を予測することは、社会生活をするチンパンジーにも必要な能力だと考えられます。チンパンジーは、他者と競合する場面で、よりこの能力が発揮されるようです。一方で、チンパンジーではヒトのように積極的・自発的な協力行動はみられないものの、他者からの要求があれば、他者の欲しいものを予測して手渡すということもあります[14]。

　チンパンジーの社会行動を長年研究してきた研究者が、「共感性」の進化的起源を論じています[15]。さらに、最近では、共感性を生み出す3つの構成要素として、他者とのマッチング、他者の理解、利他性とその組み合わせによるモデルが提唱されています[16]。動物園のチンパンジーで、来園者が自分の行動のまねをしてくれると、インタラク

ションの時間が長くなるという研究があります[17]。子育て経験のある
チンパンジーの女性が、見学に来たヒトの子どもたちと、まねっこ遊
びや追いかけっこ遊びをして楽しそうに遊んでいたこともあります。
大人のチンパンジー同士では、順位をめぐる争いが起こることもあり、
子どものチンパンジー同士でも遊びがエスカレートしてけんかに発展
してしまうこともあります。そんなけんかのときに、負けたほうのチン
パンジーをなぐさめるように、争いに関係していなかったチンパン
ジーが近づいて接触することがあります。子ども同士のけんかであれ
ば、親がそれぞれの子どもを守り、親同士のけんかがはじまることが
あります。他者と自分を重ねる共感性の起源は、チンパンジーにも共
有されていそうです。

　チンパンジーの子どもにとって、もっとも初期から一番身近な存在
である母親が、はじめて関わる「他者」として、子どもの心理的な成
長を促進しているのかもしれません。チンパンジーの母子は、発達初
期には身体接触により密着しているため、自他が未分化な状態からは
じまり、成長にともなって他者としての母親を区別し、他者との関わ
りかたを学んでいくのでしょう。その過程で、身体接触をともなう遊
びや、チンパンジーらしい音声や身振りなどの社会行動が、自然と身
についていくのだと考えられます。

## ❸ メッセージ「リズムでつながる人と人」

　現代社会では、集団から切り離された母子が、孤立した状態で子育
てをしている状況も多くあるのではないでしょうか。ヒトの社会の特
長であったはずの、父親や祖父母からの子育て支援や、異年齢の子ど
もたち同士のつながり、他者からの自発的・積極的な協力が得にくく
なっているように思います。保育や教育といった仕組みが制度化され
整備された一方で、家族を緩やかに取り巻いていたはずの地域社会と
のつながりがうすれてしまったのかもしれません。

　わらべうたは、リズムを通して人と人を身体的・心理的に結びつけ、子どもを母親だけでなく多様な他者と結びつけるための接着剤のような役割を果たしてくれるのかもしれません。リズムに合わせて一緒に体を動かすだけで、自然に他者と心がつながっているように感じられるのではないでしょうか。他者とリズムを通してつながるというのは、ヒトだけでなくチンパンジーなどにも共有されていることから、心の進化の過程で重要な意味をもっていたのかもしれません。

# 身体心理学

山口　創

**身体心理学とは**

　身体心理学とは「動きが情動や気分に及ぼす影響を研究する学問」[1] です。つまり呼吸や姿勢、表情などの身体動作と心の関係について明らかにすることをテーマとしています。さらに対人関係でも、人に触れたり近づいたりといった身体と心の関係についても同様に対象にしています。

## ❶ エピソードを読み解く

### エピソード：ちょっと隠れて、いっぽんばしこちょこちょ

　3歳のカナちゃんは、おばあちゃんがしてくれる「いっぽんばしこちょこちょ」が大のお気に入り。おばあちゃんがカナちゃんの家に遊びに来ると、「あれ、やってぇ」と右手を伸ばします。

　幼稚園では、最近友だちもできました。ある日カナちゃんは、紙にぐるぐると模様が描かれたはじめての「お手紙」を、チトちゃんからもらいました。お手紙をもらった嬉しさと、お返しをしたい気持ちがむくむくわいてきたのでしょう。カナちゃんはチトちゃんに「ちょっときて」と声をかけてカーテンの裏に連れてくると、始めたのは「いっぽんばし、こちょこちょ」です。

　チトちゃんの手をとって歌い始め、小さな指をカナちゃんの腕に滑らせます。チトちゃんは、くすぐったくって大笑い。それを見てカナちゃんも肩をすくめて笑っています。

### いっぽんばしこちょこちょ

## 【身体心理学の視点からエピソードを読み解く】

　子どもの楽しさが伝わってくる、とても微笑ましいエピソードです。これを身体心理学の視点で読み解くと、次のような解釈ができるでしょう。

　まず、そもそもなぜ「くすぐったい」と感じるか、ということです。くすぐったいという感覚は、くすぐる人とくすぐられる人との間に、信頼関係がないと生まれません。そして双方が「楽しく遊ぼう」と了解してやっているからこそ、くすぐったい感覚が生まれてくるのです。もしも見知らぬ他者からくすぐられても、決してくすぐったく感じないことを考えればおわかりいただけるでしょう。さらにはくすぐりがなぜ遊びとして成立するかという視点もあります。くすぐったいという感覚は不思議なもので、快と不快の両方の要素が入り混じった複雑な感覚です。信頼している相手に触れてもらった嬉しさで快を感じますが、その一方でくすぐられると身をよじって逃げたくなるような不快感も同時にあります。それでも信頼できるおばあちゃんからくすぐられるからこそ逃げないで我慢することが楽しく感じて、そこに遊びの要素が生まれるのです。だからこそ、同じように笑ってくれるか試してみようとチトちゃんをくすぐってみたのでしょう。

## ❷ 育ちのエッセンス　身体心理学的知見

### （1）自己意識

　先のエピソードで説明したくすぐったさについては、もう１つ発達的な視点からみることもできます。くすぐったさの特徴として、「自分でくすぐってもくすぐったくないけれど、他人にくすぐられるとくすぐったい」という要素があります。このことを考慮すると、母親にくすぐられた赤ちゃんがくすぐったくて笑ったとすれば、その赤ちゃんは母親のことを「他者」として認識していることになるのです。逆に母親にくすぐられても赤ちゃんが笑わなかった場合には、その赤ちゃんは自己意識をもっていない、つまり自分と母親を同一視しているために、自分で自分をくすぐっているのだと感じているわけです。

　このように考えてみると、赤ちゃんは何歳ごろから自己意識が芽生えてくるのかわかってきます。根ケ山と私は、０〜１ヶ月、６〜７ヶ月、12〜13ヶ月齢の赤ちゃんと母親を対象に、各々の母親に赤ちゃんをくすぐってもらい、赤ちゃんの反応について観察してみました[2]。すると、赤ちゃんは６〜７ヶ月を境にくすぐったい反応を示すようになることがわかりました。

　さらには７ヶ月以降には、母親がくすぐる身体部位と、くすぐり行動（指を曲げ伸ばしする、指先を赤ちゃんの身体に立てて動かすなど）の間の対応性が明確になることもわかりました。母親は子どもの身体部位に応じた特定のくすぐり方を選ぶようになり、またそのくすぐりによって子どもに多様な身体反応が生じ、それに呼応して母親がくすぐり方を変容させるというように、この時期を境に母子間の身体的コミュニケーションが成立することもわかってきました。つまり生後７ヶ月を境に、子どもの身体感覚を土台にした自己意識が形作られ、それをもとに母子の身体的コミュニケーションが新たな段階に移行して、母子の遊びに変化がみられるということになるのだと思います。

## （2）模倣と共感

　自己意識が芽生える以前の、自他の未分化な赤ん坊でも、その目の前で親が舌出しを見せると、赤ん坊もまねして舌出しをしようとします。これはミラーニューロンシステムによる神経レベルで反射的な模倣をしているだけです。それに対して、生後 6 ヶ月ごろからは、親が「ばいばい」と手を振ったのに対して、子どもも手を振り返すようになります。これは、他者の身体に自分の身体を重ね合わせるかのような把握であり、他者の身体を自らの身体であるかのような理解の仕方をしています。これは他者の心に共感するための前提であるといえます。身体心理学ではこのように、共感の基礎には身体レベルの模倣があると考えます。

　**図1**で説明すると、まず①では大人のモデルが喜びなどの感情を、顔の表情や声などの身体で表出します。そして同時に②のように、身体の筋肉の収縮パターンが脳に届き、モデルの側の感情を色づけるはたらきをします。これを専門的には顔面フィードバック（Facial feedback）といいます。そして次にそれを見た子どもは、そのままそれを身体レベルで模倣します。すると今度は子どもの側では、③のように模倣した身体の筋肉の収縮パターンを脳が知覚し、大人と同じ感情が生まれるというわけです。ただ、共感は単純に誰でも同じように

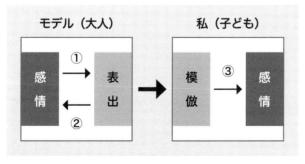

**図1　身体の模倣と共感の発生**

神経レベルでの説明ができるわけではなく、同じモデルを見たとしても、共感が起こらない場合もあり、そこには自他の身体を同一視して見るような心の働き、すなわち安定した愛着の絆や、親密な関係性が関わっているのだと考えられます。

このことをわらべうたに当てはめてみましょう。わらべうたを歌うときには、まずは乳児と大人との間に共感的な温かい絆が作られていることが前提になるでしょう。温かい安心・安全な環境の中で、わらべうたを歌う大人と子どもの間にも親密な信頼関係があるからこそ、身体レベルでの模倣が出現し、そこに共感が生まれるわけです。

## （3）身体知と心の発生

それではそもそも赤ちゃんの心の発生はどのように考えられるでしょうか。心の発生を生命の進化の歴史と関連付けて論じたのが、解剖学者の三木成夫です。彼は 19 世紀ドイツの生物学者、エルンスト・ヘッケルの理論に基づいて、「人体には生物の進化の 5 億年の記憶が宿されており、それが個体発生で繰り返される」という心の発生について論じました[3]。

それによると、人体の構造の基本は、1 本の管から成り（植物的器官）、それが「心」の原形を形づくると主張しました。そして進化によって筋肉とそれを司る神経（動物的器官）、感覚器官が作られるようになり、それが「意識」を生み出すというのです。人間にとっても口から肛門までを結ぶ一本の管が心の起源であり、それが人間の根本的な情動を生み出す源になっているというわけです。確かに赤ちゃんが最初に感じる情動は、「快－不快」という情動です。空腹による内臓の不快感と、満腹による快感です。赤ちゃんは自分で空腹を満たすことができないので、泣くことでそれを周囲に訴えて、不快感を除いてもらおうとします。このとき、周囲の大人が抱っこしながらあやしてあげることで、肌の感覚と快感も結びついていきます。肌に優しく温かい温度で触れられる感覚から、やがて愛情を感じるようになるのです。そのため皮

膚感覚には、コミュニケーションの要素も内包されています。この部分はさらに（5）「肌を通した信頼感」で詳しくみていきます。

　また三木によると、魚類から両生類になる過程で鰓は不要になり、それに代わり声を発する咽喉や顔に進化したのだといいました。確かに顔の筋肉は、呼吸や内臓と同じように、驚いたり恐怖を感じたりといった強い情動によって、反射的に様々な表情を作ったり、声を発する特徴があります。内臓と同じように無意識に（反射的に）反応する共通点があるのです。

　ですから、歌うという行為は、咽喉や口周辺の筋肉を使った、まさに内臓が発する原始的な快を基調にした音が元になっていると考えることができ、言葉を操る以前の段階において、生物として自然に発するものであると考えることができます。

　このような身体がもつ知恵のことを身体知といいます。身体知というのはいろいろな意味で使われますが、生物として進化の歴史を通して刻まれたものと、誕生後の生活の中で身体的に獲得したものがあります。例えば「理屈では正しいことだとわかるが、なんとなく怪しい」というような判断にも身体知は一役買っています。長い生物の歴史の中で、直感的に「怪しい」というような感覚が生まれるわけですが、それは身体的な感覚なのです。これは人を判断するときにも役立ちます。口ではまともなことを言っていても、その人の表情や声、身振りなどの雰囲気から、相手が本気で言っていないと感じることがあります。それはその人が今までの生活の中で様々な人と接する中で、自然に身体が違和感を感じているのだと思います。

　幼少期にわらべうたを歌うということは、進化の長い歴史に培われた内臓で感じる原始的な快感と、親しい大人と身体を触れあい同調させていることの愉悦という個体発生の経験が同時に満たされ、それが身体知としてその後の人生における心の基底部を醸成することになるのでしょう。

## （4）音楽、言語、わらべうた

　次にわらべうたの起源として、言葉や音楽について考えてみます。

　人間にとって言葉の起源は、母親が赤ちゃんに聞かせる、歌うような語りかけであるといわれています[4]。こうした母親独特の言葉はマザリーズと呼ばれ、子どもに話しかけるとき、特に女性では自然に出てくる言葉です。これは規則的なリズム、2オクターブの高低差を行き来するイントネーション、普通の会話よりも高いピッチが特徴で、音楽との共通性が多いといわれています。子どもは当然、大人が大人に話しかけるような話し方よりは、マザリーズのほうが好きです。まだ母親の身体にしがみつくこともできない赤ちゃんに、言葉にもならないマザリーズで話しかけることは、赤ちゃんの行動をコントロールし（泣いて外敵に見つからないようにする）、機嫌よくしてもらう行動として進化したのだと考えられています。

　わらべうたは、マザリーズとしての声かけに、言葉や音律が加わったものであると考えることができ、それは何らかの情報を伝達するとか教えることを目的とするのではなく、両者の一体感をもたらすことを目的とした独特のコミュニケーションであると考えることができます。赤ちゃんに聞かせようというマザリーズの優しい声、まなざし、笑顔すべてが内臓から発せられる原初的な音として赤ちゃんに届き、それに対して赤ちゃんも声を出したり笑顔で反応する、という極めて身体性の高いコミュニケーションといえるでしょう。

　このように考えると、わらべうたを子どもと一緒に歌うことは、声帯の振動や身振りなど身体の動きを元にしたコミュニケーションをすることが本来の目的であり、それは歌う者と聞く者の両者の身体を同調させ、両者に同じ感情を喚起させ、両者の境界を解除する、いわば二項関係を深めるためのコミュニケーション手段であるといえるでしょう。それに対して、そこからさらに進化した言語というのは、何らかの「もの」や「こと」が指し示す意味を相手に伝達するための、

身体から離れた表象による指示的な機能をもつ三項関係のコミュニケーションであるということができるでしょう。

## （5）肌を通した信頼感

　最後に、子どもとの肌の触れあいの大切さについて、いくつかの研究を紹介しましょう。人間の触覚には2つの機能があります。1つは手で何かに触れてその性質（テクスチャー）を知覚する役割です。こちらは識別的触覚といわれ、手のひらと足の裏の無毛部だけがもつ機能です。それに対してもう1つは官能的触覚といわれ、触れられて気持ちいいとか、安心するといった感情を喚起させる機能です。こちらは有毛部がもつ感覚になります。研究によると、人は柔らかくてゆっくり動く刺激に快を感じることがわかっています。それはそのような特徴をもつ刺激だけに反応する神経線維（C触覚線維）があるからだということもわかってきました[5]。だからこそ、子どもに優しく触れたりなでたりしてあげることで、子どもの心は落ち着き安らぐのです。しかし、それだけではありません。この神経線維が興奮すると、その影響でオキシトシンというホルモンが脳の視床下部で作られます。オキシトシンは「絆ホルモン」、あるいは「幸福ホルモン」とも呼ばれ、相手との信頼関係を築きます。オキシトシンは元々は出産時の女性の脳内で大量に作られ、子宮の収縮を促し、分娩を促進するため、陣痛促進剤としても使われてきました。そして出産後は赤ちゃんが母親の乳首を吸う触覚刺激が脳に伝わる際にも分泌され、さらに親子の絆を築くように転用されたと考えられています。それと同時に赤ちゃんの脳内でもオキシトシンが分泌されて、母親との安定した愛着の関係を築くのに役立ちます。さらにオキシトシンは、必ずしも肌の接触がなくても分泌されることもわかってきました。例えば子どもが親の優しい声を聞くだけでも、オキシトシンの分泌が増えるのです[6]。まさに子どもの「心に触れる」ことで分泌されるのです。このようにオキシトシンは、自他の境界を一時的に解除して一体感を促すような作用が

あります。わらべうたは、まさに優しく安心できる声で歌い、肌の触れあいもたくさんすることで、オキシトシンが最大限に分泌されるでしょう。

## ❸ メッセージ「評価を必要としない教育と将来の生き抜く力」

　最後に、わらべうたの今日的意義について、2つの視点から私見を述べたいと思います。まずは教育における視点です。現代の世の中の評価基準を考えてみましょう。そのほとんどは外的な評価基準によって判断されているのではないでしょうか。学校の成績、スポーツの勝敗、仕事の成果など、すべてが外部からの評価を基準にまわっています。

　それに対してわらべうたというものは、評価基準がない数少ない活動だと思います。強いて言えば、どれだけ上手に歌えたかとか、どれだけ上手にまねできたか、という外的基準ではなく、わらべうたを歌う中で子どもがどれだけ楽しんでいるか、子どもとどれだけ楽しいコミュニケーションができたかという内的な基準だけがあり、それこそが重要なのです。だからこそ、わらべうたはきっちりした音階や楽譜通りに歌うのが良しとされるのではなく、うたの中で子どもが嬉しそうに歌った部分を繰り返したり、音程を変えて歌ってみたり、といった自由度があることが魅力だと思うのです。

　しかしそうした内的な評価基準は、すぐに保育園や幼稚園、そして学校教育の音楽という教科の中で外的な評価基準に取って代わられてしまいます。すると教師からは、「あなたは音痴だから小さい声で歌うように」と指示されたりして、急に音楽が嫌いになってしまう子どもは少なくありません。ですから学校生活が始まる前の、せめて短い幼少期の間だけでも、歌うことの楽しさ、他者と共感しながら身体を同調させることの喜びを存分に体験させてあげたいのです。それは将来、仲間同士で交流する喜びとなり、身体を相交えながら作業をすることを楽しいと感じられる心を醸成する大切な役割をもっていると思

います。体育の授業でも同じことがいえます。体を好きなように動かすこと、うたを好きなように歌うというのは、人間にとって心の基底部を作る本質的な活動であると思うのです。そのような人間にとって本質的な活動を、狭い教育の枠組みの中で外的な評価対象としてしまうことに疑問を感じてしまいます。

　最後に、現代の日本人の人間関係について考えてみましょう。一昔前の日本では、子どもは地域の様々な人からたくさん触れられながら育っていました。きょうだいや友人など、子ども同士でもたくさん触れあっていました。こうして育った子どもは親、保育者、地域社会の大人などすべての人との温かい信頼関係が築かれて、そこには信頼に基づく地域社会ができていました。ところがAIやネットが社会に浸透してくるにつれて、触れあいはますます希薄になり、多くの大人も子どもも、他者を信頼できない人とみなして、心を閉ざしてしまうようになってきました。個人の権利が重視されるあまりに、プライバシーの権利を盾に、日本人は他者との境界感覚が分厚くなり、個々がばらばらになりつつあります。助けを必要としたときにも、周りにSOSを発することができず、一人苦しんでいる子どもも増えています。

　子どものころの肌の触れあいは、匂いと同じように過去の記憶と強く結びついています。子どもたちが大人になったときに、苦しいことや辛いことに直面することもあるでしょう。そんなとき、幼少期にたくさん触れられて、わらべうたを楽しんで育った子どもは、親しい人に触れられ、優しい声をかけられたときに、幼少期の温かい信頼関係に結ばれた楽しい記憶が蘇ってくることでしょう。それはその人の人生を背後から手を当てて安心させてくれるような力となって、その人の人生を支えてくれる力になってくれるでしょう。

　わらべうたを子どもの手に取り戻すというのは、そのような身体を通して楽しんだ幼少期の体験の記憶を身体に刻み込み、将来の生き抜く力の基盤を養ってくれるものだと思います。

# 言語心理学

高橋　登

## 言語心理学とは

　言語心理学とは、「人間の心と言語の関わりを探究する」心理学の一分野です。特に、子どもはどのようにして言語を身につけていくのかという「言語獲得」について多くの研究が取り組まれてきました。それだけでなく、言語の使用法や障がいなどについての研究が行われています。このほかにも最近では第2言語習得や言語の神経学的な基盤の探究など、研究の幅は広がっています。

## ❶ エピソードを読み解く

### エピソード：これが「あんころもち」かな？

> 　2歳児の親子むけのわらべうたの時間、最後は、「さよならあんころもち」で、会を終えます。子どもたちは、両手でおもちを丸めてみせて、目には見えないおもちを口に頬張ってもぐもぐ食べます。
>
> 　ケイくんは、スーパーに母親と買い物に行ったとき、おはぎのコーナーのところに立ったまま、おはぎを観察するかのようにじっと見つめていたそうです。「…あんころもちって、これなのかなぁ」。そう、ぽつりとつぶやいていたと母親が教えてくれました。

### さよならあんころもち

さよなら　あんころもち　また　きなこ

## 【言語心理学の視点からエピソードを読み解く】

　ケイくんの「…あんころもちって、これなのかなぁ」。素敵ですね。今まさにケイくんは目の前に広がる言葉の世界に気がついたのかもしれません。きっかけが「あんころもち」というところが微妙ですが。

　よくよく考えると言葉は不思議なものです。「あんころもち」という言葉は目の前にあるこのおはぎを指しているだけのようにみえますが、そんなことはありません。わらべうたを歌っていたときにケイくんが思い浮かべていたのも「あんころもち」ですし、スーパーに並んでいる様々な種類のおはぎもまた「あんころもち」です。言葉（シンボル）とそれが指し示すもの（指示対象）は、意味の三角形として知られる**図１**のような関係になっています。図では単純に「もち」としていますが、目の前のもちを見て「もち」と声に出して言うとき、「もち」という声（シンボル）は目の前のおもち（指示対象）を指していますが、実はその間にはもちのイメージや概念が関わっているのです。それがあるので、私たちは様々な場面で出合う様々な種類のもちを同じ「もち」という言葉（シンボル）で表現することができるのです。

　さらに、日本語で「もち」と表現しているおもちのことを、韓国語で「トック」、中国語では「ニエンガオ」といいます。もちは「もち」

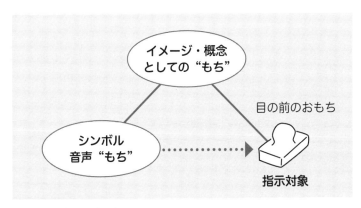

**図１　意味の三角形**

としか表現できないのではなく、「トック」「ニエンガオ」など、様々な言語シンボルで言い表すことができます。理屈の上では、もちをどのような言葉で表現することもできます。これを言葉というシンボルの恣意性といいます。その一方で、「もち」という言葉は日本語を話す人々の間でしか通用しません。このように、言葉は恣意性という特徴をもつ一方で、それを共有する人々の間でしか通用しないものなのです。こうした特徴を慣用性といいます。つまり、言葉は恣意性と慣用性という特徴を備えたシンボルであるということができます。

　このようにみてくると、ケイくんの前に広がる言葉の世界が思いがけず複雑なものであることがわかるでしょう。子どもたちがどのようにそこに足を踏み入れていくのか、みていくことにしましょう。

## ❷ 育ちのエッセンス　言語心理学的知見

### （1）「言葉の始まり」の始まり

　赤ちゃんが言葉を理解し、話し始めるのは生後1年くらい経ってからのことですが、それよりも前から子どもたちは言葉について多くのことを学んでいます。さらに、子どもたちは母親のお腹の中にいるときから、母親とそれ以外の女性の声を区別することができるだけでなく、母親の言葉のリズムも覚えているようです。DeCasperら[1]は、妊娠33週の母親に、韻を踏んだリズミカルな詩を4週間繰り返し読んでもらいました。その後、別の女性が同じ詩を読んだものと別の詩を読んだものを胎児に聞かせると、母親が繰り返し読み聞かせた詩の方を好んで聞くことがわかりました。ヒトの胎児は受胎後30週ごろから聴覚が発達し、外部の音の刺激を聞くことができるようになります。それから間もなく胎児は母親の話し声を聞き分けるだけでなく、母親の言葉のリズムも覚えているのです。

　日本語で生活する私たちは「r」と「l」の聞き分けが苦手です。けれども、**図2**に示すように、生後6ヶ月くらいまでは日本の赤ちゃん

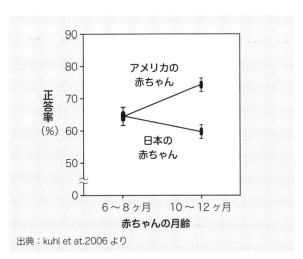

出典：kuhl et at.2006 より

**図2　「ra」と「la」の音の区別**

もアメリカの赤ちゃんと同程度の正確さで2つの音を区別できている
ようです。ところが10〜12ヶ月になると、アメリカの赤ちゃんはよ
り正確に区別できるようになるのに対して、日本の赤ちゃんの成績は
むしろ下がってしまいます[2]。一般に、子どもたちは成長するにした
がってできることが増えていくものですが、音声の聞き分けに関して
は逆のこともあるのです。日本語を身につけていく赤ちゃんは、日本
語に特化した「日本語耳」で音声を処理するようになります。月齢を
経るにしたがって母語にはない音を聞き分けることが難しくなるとい
うこの現象は、多くの言語で確かめられています。何となくもったい
ないような気もしますが、言葉を効率的に覚えていくために必要なこ
とと考えられています[3]。

## （2）オノマトペと育児語

　おもちの例で説明したように、言葉というシンボルには恣意性とい
う特徴があります。言葉と指示対象との間の関係には決まりがありま
せん。けれども例外もあります。**図3**をみてください。どちらがブー
バでどちらがキキだと思いますか？　世界中で調べられていますが、

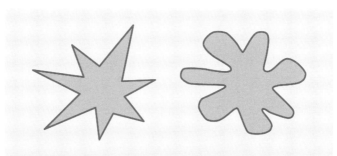

出典：https://commons.wikimedia.org/wiki/File:Booba-Kiki.svg
（作成者：Andrew Dunn、2021 年 9 月 16 日確認）

**図3　どちらがブーバでどちらがキキ？**

どこでも 90% 以上の人が左側がキキだと答えます。さらに、２歳半の幼児でも同様の反応をすることが知られています[4]。こうした現象を音象徴と呼びます。ブーバやキキはオノマトペの一種ですが、オノマトペや擬音語、擬態語の場合、言葉と指示対象の関係は恣意的ではなく、そこに密接なつながりが感じられることもあるのです。

　母親などの養育者が乳幼児に話しかける言葉を育児語といいますが、育児語には多くのオノマトペが含まれています。育児語と聞けば、「ワンワン」「ブーブー」「オッチン（する）」「ゴックン（する）」などを思い浮かべる人も多いのではないでしょうか。小椋ら[5]は、9 ヶ月から 24 ヶ月の子どもとその母親の会話を分析し、子どもが小さいほど母親の言葉にはこうしたオノマトペが多く含まれていることを明らかにしています。言葉と指示対象の関係は本来恣意的なものですが、養育者がオノマトペを使うことにより、子どもは言葉とモノや動作との関係に気づきやすくなっているのではないかと考えられます[6]。

　わらべうたの中には、オノマトペ・擬音語、擬態語を含むものも多くありますが、こんなふうに言葉の習得をさりげなく促しているのかもしれません。

## （3）子どもは小さな言語学者

　言語学者の広瀬友紀[7]が書いた『ちいさい言語学者の冒険』という本があります。この本は、子どもの言葉の獲得についての洞察にあふれています。とても素敵な本なので、この節のタイトルもそこから拝借しました。それにしても、子どもが言語学者というのはどういうことなのでしょうか。

　言葉を覚えたての子どもたちが、思いがけない言葉の使い方をすることがあります。「ニャンニャン」と言うようになったので、ネコのことがわかったのかなと思っていると、イヌを見ても「ニャンニャン」。さらに、ある子どもはライオン、シロクマ、ぬいぐるみのスピッツ、白い毛のふさ、白い毛布、白い壁にまで「ニャンニャン」という言葉を使っていました[8]。通常よりも広い対象に対して言葉を当てはめることを語の過剰拡張的使用といいますが、子どもたちは自分から積極的に言葉の意味を探っているのでしょう。

　また、2〜3歳児の次のような例があります[9]。

子「お兄ちゃんきないね」

母「うん、こないね」

子「え、『こない』の？」

母「うん、『きた』っていうけど『こない』なんだよね」（と言っているところにお兄ちゃん登場）

子「あ、お兄ちゃん、こたよ！」

　このほかにも、「はいて」（「はかせて」2歳児）、「おきさせる」（「おこす」3歳児）、「おでかけしれる」（「おでかけできる」3歳児）など、子どもの言い間違いは、子育てをしたことのある人であれば誰もが遭遇するのではないでしょうか。子どもたちは1つずつ言葉を教えられるのではなく、周囲の大人やきょうだいとのやり取りの中でルールを発見し、それを積極的に使う中で覚えていきます。その過程では、思わず周囲がズッコけてしまうような言い間違いもたくさんしますが、

「研究」の過程で失敗はつきものなのです。そうした意味で、子ども
が「小さな言語学者」だというのは本当にその通りだと思います。

### （4）音韻意識から文字の世界へ

　まだ実際には読み書きができない子どもが繰り広げる、文字に関わ
る様々な活動を萌芽的リテラシーといいます。絵本を繰り返し読んで
もらううちにすべて覚えてしまい、自分から「読んで」くれることは
よくあることですし、図4のような文字様のものを書いてもってくる
こともあります。何と書いてあるか尋ねると「読んで」くれることも
ありますが、「お母さん、読んで」と子どものほうから言ってくるこ
ともあります。この時期の子どもの文字についての認識は私たちのも
のとは少し異なっているようです。

　この時期の子どもは、「ヘビ」と字で書くと言って「￣￣￣￣」な
どと書くことも多くあります。また、「elephant」と「ant」と書かれ
た文字カードを見せ、どちらがゾウでどちらがアリと書いてあるか尋
ねると、偶然よりはずっと高い確率で「elephant」のほうがゾウを
表していると正しく答えることができます。ただし、同じ子どもに
「banana」と「car」という文字カードを見せ、どちらが自動車でどち
らがバナナか尋ねると、今度は「banana」の方を自動車と答えてしま
います。子どもは文字の数と、それが表している物の大きさを対応さ
せて類推しているようです。言語学者の面目躍如ですね。ただし、こ
の時期の子どもは、文字が絵などとは異なる手段で何かを表現したも
のであることは理解しているものの、それがどのようなルールに基づ
くものであるのかは発見できないようです。子どもは、文字が話し言
葉の音に対応することを理解する必要がありますが、それを可能にす
るのが音韻意識です。

　音韻意識とは、話し言葉について、意味的な側面ではなく、音の側
面に注意を向け、単位となる音の要素を意図的に操作する能力を指し
ています。具体的に言うと、「つくえ」という言葉について、真ん中

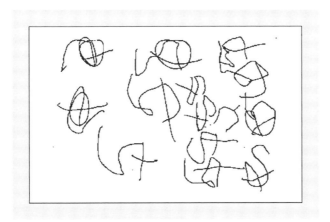

**図４　４歳児が書いた「お手紙」**

の音が「く」であるとか、逆から言うと「えくつ」になるということが理解できることを指します。音韻意識は読み習得の前提となることが知られています。ただし、言語や表記システム（アルファベットを用いるのか、日本語のように平仮名や漢字を用いるのかなど）により、読みの習得に必要とされる音の単位は異なります。英語の場合は音の最小単位である音素が音韻意識の単位であるとされることが多いのに対し、日本語の場合は音素のまとまりである音節（より正確にはモーラ）が読みの単位となります。英語を学習している場合を除けば、「日本語耳」になっている子どもが音素レベルの音韻意識をもつのは容易なことではありません。下の QR コードから英語の音韻意識の問題例を聞くことができます。

　日本語の音韻意識を測る課題としては、タッピング（分解）（単語を構成単位に分解する。例：「つ・く・え」と言いながら手拍子をする）、抽出（単語の指定の位置の音を答える。例：「つくえ」の最後の音を答える）、逆唱（音の配列順を逆にする。例「ねこ」を逆から言う）、置き換え（単語

97

中の音を別の音に置換する。例：「みかん」の「み」を「や」に変える）
などの課題が知られています。このうち、タッピングと抽出は比較的
容易ですが、逆唱や置き換え課題は幼稚園年長児くらいにならないと
正答するのが難しい課題になっています <sup>10)</sup>。

　しりとりやなぞなぞなど、音韻意識と関わりが深い言葉遊びはたく
さんあります。しりとりであれば、語尾音を抽出することができる必
要がありますし、「『れいぞうこ』の中にいる大きな動物は？」のよう
ななぞなぞも、一定レベルの音韻意識がなければ答えることができな
いのは明らかでしょう。こうした言葉遊びを楽しんでいるように見え
る年少の子どもの多くは、十分な音韻意識をもっていないようです。
しりとりをやると自信満々の３歳児が「スイカ」の次に「バナナ」と
答えてしまうこともよくあります。けれども、そうした子どもであっ
ても、周囲の大人や年長の子どもたちと一緒であれば、様々なヒント
を与えられることにより、遊びに参加することは可能です。ヒントは
足場かけの役割を果たしており、周囲の導きのもと、子どもは遊びを
通じて音韻意識を育てているのです <sup>11)</sup>。

## ❸ メッセージ 「文化的道具としてのわらべうた」

　「ちいさな言語学者」である子どもは、高い推論の能力をもち、自
らの力で言葉の仕組みを発見していきます。けれども同時に、周囲の
大人たちは、子どもが言葉の世界にスムーズに入って行けるように導
く役割を果たしています。言葉遊びはそのための道具なのです。もち
ろん、大人も子どもも、何かの役に立つからという理由でしりとりや
なぞなぞをしているわけではありません。ただ単に楽しいからなので
はないでしょうか。それはわらべうたも同様です。

　「ずい　ずい　ずっころばし　ごまみそ　ずい」

　こうしたリズミカルなわらべうたを楽しむことで、子どもは音に対
する感受性を高め、それが音韻意識につながっていきます。私たち大

人は、ともに楽しむことを通じて、子どもが豊かな言葉を身につけて
いくことを助けているのです。わらべうたはそのために受け継がれて
きた、大切な文化的道具ということができるでしょう。

# 感情心理学

渡辺弥生

## 感情心理学とは

　感情心理学は、人間の心のはたらきの中で重要な位置を占めている「感情」について、心理学の立場から検討するものです。人間は「感情の動物」であると言われています。一般に、感情とよばれている心的現象の中には、感覚、情動（情緒）、気分、情操などが含まれており、感情の基盤となる生物学的、生理学的、また神経学的なメカニズムについて概要を理解するとともに、感情がどのように発達していくかを知ることは教育の上でも大切なことです。世の中のことを学び、満足し、幸せに生きていくためには、知とともに、この感じる力を育むことが必要です。

## ❶ エピソードを読み解く

### エピソード：勝って嬉しい！　負けてくやしい！

　園庭で、4歳と5歳の子どもたちが交ざって「はないちもんめ」で遊んでいます。

　4歳の男の子ユウくんは嬉しくなり、「はないちもんめ！」と語気を強め、右足で土を蹴り上げ砂埃（すなぼこり）を巻き起こしました。砂埃がかかった相手の子どもたちの顔が思わず曇りました。しかし、5歳のお兄さんお姉さんたちは、「はないちもんめ」のタイミングで軽く足を上げ応えました。何度かのやり取りが続いたのち、ユウくんの足が軽やかに浮きました。「こうした方が、みんなが楽しいんだよな」。そう気づいてくれたのでしょうか。そして、「あの子がほしい！」と指名されたのはユウくんでした。

　照れくさそうに前に進み出ていきました。

## はないちもんめ

かって うれしい はないち
けて くやしい はない ち
もんめ ま
もんめ
○ ○ちゃん を
□ □ちゃん を
とりたい はない ちもんめ
とりたい はない ちもんめ

**【感情心理学の視点からエピソードを読み解く】**

　感情とは不思議なものです。うれしいとき、高揚しているときには、身体の動きは大きくなり、胸を張り、小躍りするような姿勢になります。他方で、悲しい、悔しいといったネガティブな気持ちを抱えるときは、動きが小さくなり、身体を丸めてうつむきがちな姿勢になるものです。こうした身体の動きは、人の気持ちと密接に関わっていることがわかります。

　無意識にそのときどきの気持ちに突き動かされて身体を動かしていたのが、しだいに、こうした動きは、ある気持ちが表されているということに気づくようになります。そして、しぐさや姿勢から、自分だけではなく、友だちなどのほかの人の気持ちも読み取ることができるようになっていくのです。

　父親や母親、先生などから、「ユウくん、うれしいのね、そんなに

足を蹴り上げて」と声をかけられる経験が重なると、しだいに、「自分は嬉しいんだ」という気持ちを、自身がもっていることに気づくようになります。そして、「嬉しい」という言葉で言い表すことができること、つまり、気持ちと言葉とのつながりを理解するようになり、また他人の気持ちも予測するようになるのです。

　エピソードにあるように、幼いときは、一つひとつの感情が強く、粗雑に表現されがちです。4歳のユウくんが、砂埃を立てて、友だちを困らせるくらい嬉しさを表現しています。これに対して、5歳のお兄さんやお姉さんは、リズムに合わせて軽く足を上げることができるようになっています。これは、喜びという感情を少し調整し、精緻化して表現できるようになったからです。感情を適度に調節する力が発達していくことがわかります。

## ❷ 育ちのエッセンス　感情心理学的知見

### （1）感情の分化

　このような感情は、いったいどのように芽生え、そして種類が増えていくものなのでしょうか。このわらべうたは、多少全体の詩が異なりますが、全国で歌われています。子どもが楽しめる遊びとして伝承されていますが、見方を変えると、残酷な遊びともいえます。

　みなから、「あの子が欲しい」と言われて、しょっちゅう指名されるのなら有頂天になれる遊びですが、不思議なことに、特定の子どもに集中しがちです。ときには、「あの子はいらない」などと相談されているのがわかり、選ばれない子は心が傷つきます。

　こうしたいじわるな遊びにならないよう、みなが楽しめる遊びになるよう、協力し合う力が求められます。かつては、ご近所のお兄ちゃんやお姉ちゃんなど異年齢で遊んでいたこともあってか、誰かが悲しくなるような状況になったときには、年長者が、気を使ったものです。「○○がかわいそうだよ」「○○ちゃんばっかりだとダメだよ」といっ

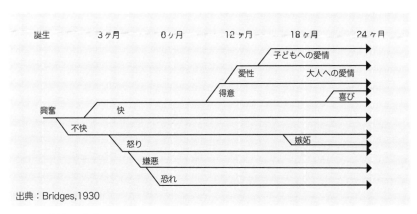

出典：Bridges,1930

**図1　感情の分化**

た、ちょっとしたいざこざや小競り合いが起きることもしばしばです。

　こうしたいざこざは決して制止するべきではありません。こうした体験を通して、ルールや思いやりの必要性を学び、ときに我慢する心が育まれるのです。年上の子が年下の子どもをかばうのを見て反省したり、どうすればみなで楽しく遊べるようになるのかなど、社会性が少しずつ獲得されていくように思います。誰もが選ばれない悲しさ、選ばれたときの嬉しさを一度は体験すると、みなが楽しむには自己中心的ではいけないこと、悪意があってはならないこと、順番というルールで指名を回していくことが大切だということを学んでいきます。

　遊びを通して、日々の生活の中で多くの経験が重ねられる中、感情はしだいに分化していることがわかります。乳児のときにはただ「快」と「不快」の２種類だったのが、**図1**のように、幼児期に一通りの大人がもつ基本感情をもつようになると考えられています[1]。

　感情の発達については、いろいろな学説がありますが、ただ放っておけば感情が増えていくというよりは、遊びの中でいろいろな体験をし、その際に心の中に生じる気持ちが、言葉とつながり表現できるようになることを通して獲得されます。ですから、周囲にいる大人の社

会化の役割が大切なものとなります。

## （2）感情のボキャブラリーの発達

　では、実際に子どもが使うことができる言葉は、年齢とともにどのように増えていくのでしょうか。年少児から年長児になるにつれて、「いや」「だめ」「嬉しい」「楽しい」など感情の語彙(ごい)が増えていきます。5歳ではかなり多くの感情を表現する言葉が使われ始めます。興味深いことに、とりわけネガティブな感情が多いようです。おそらく、子どもの生活の中で他人と関わることが増え、必ずしも自分にとって望ましいことばかりではない経験が少なくないからでしょう。

　遊びは、楽しい反面、自分の思い通りにはならない場面の連続です。みなと協力して楽しむ気遣いが求められるようになります。ですから、我慢したり、ときには、怒っていても不機嫌にならないよう、自然の場面で感情をマネジメントするトレーニングをしているといえます。

　ネガティブな感情については、怒り、嫌悪、恐れ、困惑、ニュートラルな感情としては、同情、驚き、忍耐などを体験し、こうした気持ちを表現するようになります。藤野・本村[2]は、幼児が使った言葉は、ポジティブな言葉は、「嬉しい」「楽しい」「優しい」「いい」「おもしろい」

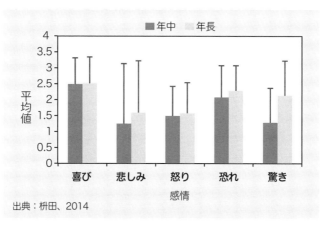

出典：枡田、2014

**図2　ラベリング課題**

「えらい」「ありがとう」「おりこう」「わらっている」「よろんでいる」
で 10 種類、他方、ネガティブな気持ちは、「いや」「かなしい」「だめ」
「さびしい」「おこる」「こわい」「がっかり」「ずるい」「わるい」「なく」
といった表現がみられたと報告されています。

「嬉しい」「いや」「かなしい」「さびしい」は年少児がよく使う言葉
ですが、年長児になると嬉しいだけではなく、「楽しい」という言葉
が使われるようになっています。これは、嬉しいと思う場面と楽しい
と思う場面が区別されるようになったと考えられます。

別の研究では、エピソードを読んで、どのような感情をラベリング
（感情を言葉と結びつける）するかということが調べられましたが、い
ずれの感情も年長児の方が適切なラベリングができています（**図2**）。
特に、悲しみや恐れ、驚きなどが年少児よりも理解できています[3]。

## （3）感情の理解──入り混じった感情

6、7歳ごろになると、相手の様子などを見て感情を理解するよう
になります。息をのむ顔を見て恐れていることや、鼻にしわを寄せる
友だちを見て、何か嫌悪を感じているんだろうと推測することができ
るようになります。おおよそ9歳になるとかなり予測できるようにな
ります。

児童期になると、楽しいけれど不安という、ポジティブとネガティ
ブの両方の感情を同時に感じていることにも気がついてきます。楽し
いはずなのに、嫌な気持ちが混ざっていることに自分でも驚いたり、
さっきまで怒っていたのに、ホッとしてきたなどの気持ちの変化にも
気づいてきます。しだいに、メタ認知（自分をモニターして、自分を
コントロールする力）の力が発達し、自分の状態を客観的にみること
ができるようになります。

概ね10歳以降になると、ポジティブとネガティブの両価性の感情
を言語化することができるようになります。「さっきはいいと思った
けど、○○ちゃんばかりだから、嫌になってきた」といった理由も加

えて、自分の気持ちを伝えたりできるようにもなります。感情を適切に理解するようになると、自分の感情を言葉で表現できるだけではありません。感情がどれくらい強いかなどの質についても理解できるようになります。「すごい、怒っていた」といった表現も出てくるのです。どれくらい怒っているのか、悲しいのかといった、感情の強さについても理解できるようになると、ふざけすぎているのを抑えたり、もうそろそろといった感情の表出を収束させるような切り替えができるようになります。こうして、大げんかが避けられるようになるのです。

## （4）感情のコントロール

　このように、感情が理解できるようになると、感情をコントロールすることができるようになります。人に迷惑をかけないようにしたり、物事を解決するためには、互いに気持ちをマネジメントするスキルが獲得されるようになるのです。ただし、こうした力やスキルは、ほうっておいて自然に身につくとは限りません。周囲にいる大人がどのように関わるかが大切です。

　例えば、こうしたスキルを教えるプログラムには、「感情の温度計」というワークがよく活用されます。**図3**のように、自分の感情を数値化し、その強さを理解するよう、働きかけます。表情やしぐさ、話し方などから、怒りといってもいろいろな強さがあることに気づきます。

　そして、「なぜ、そう感じたのか」という感情の原因を考えさせるとよいでしょう。7歳くらいになると、複数の感情が入り混じっていることに気がつき、さらにその気持ちの程度もそれぞれに区別できるようになります。例えば、自分が勝って友だちが負けた場面など、嬉しい気持ちは4だけど、泣いている友だちを見て、悲しみも3あるといった理解ができるようになるのです。

　こうした感じ方が理解できるようになると、思いやりの気持ちも育まれていきます。欲しくないプレゼントをもらったときでも、「ありがとう」と笑顔で受け取ったりするようになります。これはディスプ

レイルールと呼ばれています。相手を傷つけないように、思いやりの嘘をつくことができるようになるのです。

例えば、花いちもんめの遊びも、しだいに「もう、この遊びはやめたいと」思う子が出てくるでしょう。ところが、みなが楽しそうだったら、「うん、まだやりたい」などと言ったりするかもしれません。逆に、もっと続けたいと思っていた子が、ほかの子の様子を見て、「そろそろ、やめよ」という言葉かけをしたりするようになるのです。

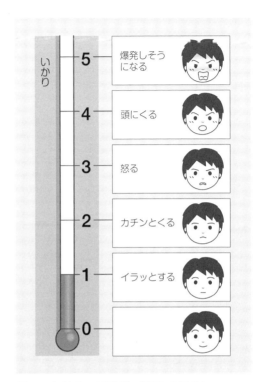

図３　気持ちの温度計（怒りの場合）

自分でこのストレスが抱えられなくなると、怒ったり、わめいたり、突然集団から外れてしまうことにもなるでしょう。ですから周囲の大人は、楽しそうに見えても、我慢しすぎの子がいないかよく見てやりましょう。そして、適度な粘りと気持ちの切り替えができるよう（レジリエンス）、みなが楽しむためにはどのようにすればよいか、具体的な関わりを教えてやります。気持ちに寄り添った足場かけが大切です。

## （５）声は、重要な手がかり

わらべうたのメロディーやそれにともなう遊びの要素に、「音声」や「話し方」はとても大切です。

例えば、子どもは「負けて悔しい」と話すときは、低い声で重みの
ある言い方をします。勝って嬉しいときは、誇らしげに声のトーンも
明るくなります。長い文化の中で、コミュニケーションで用いられる
表現は、言葉の意味だけではなく、それに付随する表情や声を含めた
話し方、そしてしぐさにもある種の決まりごとが作られていきます。
各感情にふさわしいイントネーションやアクセントやトーンの共通理
解ができてくるのです。

　音声として沈んだ声をともなっていれば、ネガティブな気持ちを抱
えているということを理解することができるようになります。早口で
激しい言い方なら「怒っている」と推測することができるわけです。
つまり、言葉の内容だけではなく、言い方、すなわち音声に含まれる「パ
ラ言語情報」が、感情の判断に大きく影響していることが明らかです。

　例えば、「あの子が欲しい」と言葉では言っても、声の調子、トー
ンといった様子から、「実はあまり欲しくないのかな」「いやいや言っ
たのかな」と判断することもできるようになるのです。表情はもちろ
ん手がかりになりますが、話し方や声は、相手の気持ちを理解する大
きな手がかりになります。

　年少児でも、悲しい、嬉しい、怒っているといった、気持ちを声から、
判断できるようになりますが、かなり間違えます。年長児になると個
人差は大きいものの、おおよそ理解できるようになります。小学1年
生になると、大人に近いくらいわかるようになりますが、皮肉の音声
や冗談の音声を区別することは難しいようです。表情は笑っているの
に、悲しい声だったりと、手がかりが矛盾しているときには、10歳く
らいまでは、その言葉自体を受け取る傾向が強い（レキシカル・バイ
アス）と呼ばれています。

## ❸ メッセージ　「感情リテラシーを学ぶ」

　このように、遊びに興じるプロセスの中で、子どもたちは相当な感

情体験を重ねていることが想像されます。ですから保育者は、こうした遊びは自分の気持ちを伝えたり、友だちの気持ちを理解したり、互いに楽しく遊べるようにコントロールする力を身につける絶好の機会だととらえましょう。遊びの中の体験が、子どものバランスのとれた感情の力（感情リテラシー）を育てる上で大切なことを認識して、何を学ぶとよいか具体的に伝えていくことが大切です。

　大人になって、楽しかった遊びの思い出の中に少し苦い経験の記憶が蘇るのは、経験という襞の中にたくさんの気持ちが織り込まれてきたからなのでしょう。

# 教育心理学

湯澤正通

## 教育心理学とは

　教育心理学とは、「教育という文脈の中での個人とその発達に焦点を当てる」心理学の一分野です。現代、主要な教育の文脈は「学校」ですが、子どもが学校で過ごすのは、週5日間の約3分の1の時間に過ぎません。それ以外は、家庭や地域で過ごします。その点で教育の文脈として家庭や地域の役割は昔と変わらず重要です。

## ❶ エピソードを読み解く

### エピソード：「おでんでんぐるま」で、もういっかい！

　0歳から小学生までが一堂に集い、家庭文庫は大賑わいです。中盤、「おでんでんぐるま」で遊んでみようということになりました。大人が2人一組で向かい合い、互いの手をはしごのようにかけ合って、子どもがその上に乗れるようにします。はじめて出会うお姉さんの腕でもお構いなしによじ登る子がいる中で、6歳のトオルくんは、首を振って拒みます。表情を伺うと、どうやら心の中で遊びたがりの気持ちと恥ずかしがりの気持ちが綱引きしているようでした。

　そこで、そばにいた人がトオルくんの小学生のお姉さんに声をかけ、母親と一緒にはしごを作ってもらうことにしました。大好きなお姉さんと母親のはしごならと、トオルくんは安心したようによじ登っていきます。「すととーんしょ」と2人が息を合わせてひざを落とすと、トオルくんの顔が笑顔ではじけました。そして、トオルくんの口から「もういっかい！」の元気な声が。なんだかみなも嬉しくなって、何度も何度も、囃しながら繰り返し遊んだのでした。

## おでんでんぐるま

おでん　でんぐるまに　か　ねは　ち　の　せて

いまに　お　ちる　か　まっ　さ　か　さん　よ

も　ひ　と　つ　お　まけ　に　す　とと　ー　んしょ

### 【教育心理学の視点でエピソードを読み解く】

　子どもたちの中には、新しいことにすぐに挑戦できる行動派もいれ
ば、まずは様子をじっくり眺める観察派もいて、本当に個性が豊かで
す。トオルくんは、どうやら観察派のようです。

　そんなトオルくんが新しいことに挑戦できるように、そっと背中を
押してくれたのが周囲の大人たちでした。トオルくんの挑戦したい気
持ちを察して、小学生のお姉さんにはしごを作るよう促しています。
お姉さんも、弟のために頑張ります。また、母親が身長差が違う娘の
目の高さにかがみ、そして息を合わせ支えあったからこそ、トオルく
んは安心して遊びに興じることができました。

　トオルくんは、いったんその場に慣れると、わらべうたに夢中です。
「もういっかい！」という言葉が何度も口から出てきます。子どもは、
単純な遊びでも飽きることなく、1回1回の遊びをまるではじめて経
験するように楽しむことができます。ここに、子どもの自発的、主体
的な活動の芽を見て取ることができます。まさに、現在の教育で求め
られている学びの姿です。

## ❷ 育ちのエッセンス：教育心理学的知見

### （1）文化への参加

　人にはそれぞれの個性があり、もって生まれた行動の傾向を気質といいます。気質の1つに、「新奇なものに対する恐れ」があります[1]。普通、誰でも、見知らぬ人に対しては恐る恐る近づき、はじめての場所では少しずつ行動範囲を広げてきます。ところが、赤ちゃんのころから見知らぬ人にすぐ打ち解け、はじめての場所でもすぐに探索を始める子どももいれば、人見知りをし、知らない場所では親にくっついて離れない子どももいます。きっとトオルくんは、「新奇なものに対する恐れ」が少し強いのかもしれません。

　いずれにしても、小さいときは、「新奇なものに対する恐れ」がなければ、誘拐されたり迷子になったりしてしまいます。母親やお姉さんなどは「安全基地」であり、子どもは、その基地から少しずつ活動範囲を広げていきます。同時に、母親やお姉さんは、トオルくんよりもわらべうたについてよく知っています。トオルくんがわらべうたの「初心者」ならば、母親やお姉さんは、「熟達者」です。初心者は、熟達者に誘われ導かれながら、わらべうたという日本文化の活動（遊び）に参加し、熟達者の力を借りながら、少しずつその文化を身につけていきます[2]。最初は、周辺的、そして徐々に中心的な活動に参加し、最終的に、お姉さんのような熟達者になっていきます。その中で、わらべうたの歌詞、メロディ、動作（体の動かし方）などを自然と覚えます。いわば、日本の文化を身につけていくのです。

### （2）子どもの前向きな挑戦

　子どもは、何ごとにも前向きです。いったん「おでんでんぐるま」に成功し、「すととーんしょ」のリズムに合わせて身体がフワッと浮くスリルを経験すると、もう独力で「おでんでんぐるま」を歌えるかのように思ってしまいます。もちろん、すぐにうたを覚えて歌えるは

ずもなく、お姉さんの頑張りと母親の支えがあったからこそ、トオル
くんは安心して遊ぶことができたのです。小さい子どもは、自分の力
を過大に評価する傾向があります。だからこそ、常に自信に満ちあふ
れ、失敗してもくじけません。そのような全能感こそが、仮に過大だ
としても、小さい子どもの自発性や積極性を支えているといわれてい
ます[3]。

　また、小学校高学年以降になると、子どもは、自分を友だちと比較
するようになります。友だちよりも算数のテストの点が悪いと、がっ
かりして自信を失いますし、逆に高いと自慢したい気持ちになります。
ところが小さい子どもは、今の自分を以前の自分と比べて、「できる
ようになった」ことに注意を向けます[4]。「おでんでんぐるま」ができ
たことは、ほかの子どもができようができまいが嬉しいことであり、
自信につながります。

## （3）繰り返しを楽しむ心

　子どもは、大人がもう十分だろうと思っても、決して飽くことなく
「もういっかい」を繰り返し、「おでんでんぐるま」をねだります。も
ちろん、わらべうたに限りません。絵本でも、同じ本を何度聞いても
同じところで笑い、興奮します。大人でしたら、一度本や映画を見る
と、そう何度も繰り返し見たりしません。そこには、子どもにとって、
単なる「娯楽」以上の意味があるからです。

　「おでんでんぐるま」は、歌詞、メロディ、動作などの一連の出来
事の組み合わせからできています。このような出来事に関する知識を
スクリプトといいます[5]。子どもは、「おでんでんぐるま」の活動に
参加しながら、頭にスクリプトを構成します。最初は、スクリプトを
構成すること自体に心のエネルギーを使いますが、スクリプトがいっ
たん構成されると心に余裕ができ、次に起こることを予想し、宙にフ
ワッと浮く感覚自体を楽しむことができるようになります。遊園地の
ジェットコースターでじりじりとてっぺんに上り、てっぺんから予想

通りに急降下するスリルと同じです。そして、次第に余裕ができると、もっと楽しむための遊びの工夫を始めます。急降下で落ちるジェットコースターの上で、両手を広げてみるともっとスリルを楽しめるのと同じです。

### （4）生活体験から学校教育への橋渡し

　子どもは、小学校入学後、学校で正式に国語や算数を学習します。しかし、子どもは小学校入学以前に、国語や算数の学習の基盤になる知識を身につけていることがわかっています[6]。子どもは、遊びを通して言葉の音について考え、モノを数えたり、おやつを公平に分けたりすることで、数量の知識を身につけます。ここでは、わらべうたを通して身につける数量の知識に着目してみます。

### いものにたの

　子どもは、言葉に合わせて、一つひとつ、お手玉を積み上げていきます。そして、最後の「とうなす」で 10 個のお手玉の山ができます。簡単な遊びのように思えますが、この遊びの遂行には、重要な数のルール[7]に従う必要があり、遊びの中で、そうしたルールを子どもたちは自然と学んでいます。

①１対１対応：「事物のセットの各事物には、ただ１つの数のラベルしか割り当てられない」というルールです。「いもの」「にたの」「さんま」などの１つの言葉に対して、お手玉を積み上げるお手玉は１

つです。早く高くしたいからといって、一度に２つ以上のお手玉を
取って積み上げてはいけません。

②**安定した順序**：「数えるときの数のラベルはいつも同じ順序で言わ
ないといけない」というルールです。わらべうたでは、必ず「いもの」
「にたの」「さんま」…という順番に歌います。「にたの」「いもの」「さ
んま」…と順番を間違えることはほとんどありません。

③**基数性**：数えたときの最後の数のラベルがそのセット全体の数であ
る」というルールです。「いもの」…「とうなす」と、「とうなす」
で終われば、「とうなす」、すなわち「とう（10）」が積み上げたお
手玉の数です。「いもの」…「ごぼう」で終わってしまえば、「ごぼう」、
すなわち「ご（５）」が積み上げたお手玉の数です。

④**抽象性**：これは、「数えることは、どんな事物のセットにも適用で
きる」というルールです。「いもの」「にたの」に合わせて積み上げ
るのは、お手玉である必要はなく、積み木であっても、ミカンであっ
ても、石であっても構わないのです。

⑤**順序無関連**：「セットの中のどの事物から数えてもよい」というルー
ルです。最初に、手前のお手玉を取っても、次に、真ん中のお手玉
を取っても構いません。積み上げる順番は、どうでもいいのです。

**（５）遊びの工夫と主体的な学び**

繰り返しわらべうたで遊び、わらべうたのスクリプトが構成される
と、子どもたちはスクリプトを柔軟に適応して、遊びを工夫すること
ができるようになります。

---

　３〜５歳までの数人で「なべなべそこぬけ」（p.159）をしよう
ということになりました。数人が輪になり、２人の間を門に見立
てて通り抜けるほうがおもしろいと話はまとまりました。年長児
たちが、でこぼこの背の子どもたちのどこを門にすればいいか相
談します。その結果は大成功！　すると、「小さな門にも挑戦しよ

う！」となりました。どんなふうに進んでいけば、輪が崩れないか、試行錯誤の時間が続いていきました。

　どうしたら遊びがより楽しくなるのか、子どもが主体的に考え、遊び方を工夫しています。それは、子どもたちが、わらべうたのスクリプトを共有しているからできることです。子どもたちが思いついたことを自由に発言し、それぞれの意見にみなが耳を傾け、真剣に話し合います。そこには、小学校入学後、学校で目指す「主体的、対話的で、深い学び」の芽がみられます。

**（6）学びの認知的基盤**

　わらべうたに限らず、遊びにはルールがあります。子どもたちはルールを守りながら、遊びのゴールを目指します。

　「だるまさんがころんだ」(p.14)。たかしくんは、壁に向かって、両手で両目を押さえ、大きな声で唱えます。するとその間、3人の子どもたちがすっとたかしくんに近づきます。たかしくんが振り向くと、3人の子どもたちはその場で立ち止まり、身じろぎせず、同じ姿勢を保持します。「だるまさんがころんだ」。一人がたかしくんにタッチすると、3人は一斉に逃げ、たかしくんが追いかけます。

　この遊びではたかしくんが振り向いたとき、子どもたちは動きを止めなければいけません。動いたら負けです。そして、「だるまさんがころんだ」と言っている間にたかしくんに近づいて、タッチするという目標を覚えておく必要があります。こうした単純な遊びの中に、身体の動きを止めるという「抑制」、目標を覚えながら近づくという「ワーキングメモリ」、タッチした瞬間に近づくことから逃げることに切り替える「シフティング」という実行機能の3つの要素が含まれています。

実行機能は、思考と行動の働きを制御する脳の機能で、人間の知的働きや学習を支えています[8]。遊びは、子どもの実行機能の発達を促す機会なのです。

## ❸ メッセージ 「遊びを通した学びの時間を」

　家庭や地域の担う教育の役割は大きいにもかからず、親が子どもにどう接したらよいのかわからなかったり、共働きや一人親の家庭では、親が子どもと関わる時間的余裕がなかったりします。そして、それを補うための地域社会のつながりも失われています。そのため、昔から日本社会に伝わってきたわらべうたの伝統が失われつつあります。先にも述べたように、わらべうたには、日本文化の熟達者の大人が初心者の子どもを文化に誘う知恵が隠されています。日本人にとって心地よい言葉のリズムの中で自然と親子が関わり、子どもが言葉や数の知識を主体的に学べるようにできています。

　また近年、子どもは幼いころからスマートフォンを手にし、安易に動画やゲームの刺激にさらされています。ゲームや動画の刺激は、子どもにとってあまりに強烈で、子どもの注意を強制的に奪います。そのため、子どもが主体的に考え、工夫する機会を奪ってしまいます。そこには、親子や仲間との間でコミュニケーションを行いながら身体を動かす余地はありません。わらべうたで遊びながら、子どもが主体的により楽しくなるための遊び方を考え工夫することで、子どもの主体性や考える力の素地が培われます。

# 生涯発達心理学

湯澤美紀

**生涯発達心理学とは**

　生涯発達心理学とは、胎児期から高齢期に至るまでの人間の生涯にわたる発達を対象とした学問です。通常、発達は、乳児期から青年期までを対象としてとらえられがちですが、私たちは「育てられるもの」から「育てるもの」へ、また、「育ちあうもの」として[1]生涯にわたり変化をし続ける存在です。人との関わりの中で成長していく人間の営みを、より広い視野から考えていく必要があります。

## ❶ エピソードを読み解く

**エピソード：「ふねのせんどうさん」「ママ　いってらっしゃい」**

　タカくん（3歳）の母親が仕事から帰ってくるのは、遅い時間になりがちです。同居する祖父母がタカくんのお世話をしてくれるおかげで、タカくんはお風呂もすませ、パジャマ姿で出迎えてくれます。母親にお布団に入るよう追い立てられても、タカくんは、「お母さんと一緒にお風呂に入る！」と言って聞きません。「夜のそんな押し問答に、なんだか疲れちゃって」と、母親はご近所の奥さんにもらしました。すると、「湯船につかるだけでも一緒に入ってあげたら？　『ふねのせんどうさん』っていうわらべうた、タカくんきっと喜ぶわよ」とアドバイスをもらいました。

　その日、試しに「湯船に一緒につかるだけね」と約束してお風呂に入ることにしました。「ふねのせんどうさん　のせとくれ　あ〜ぎっこんとん　ぎっこんとん」と覚えたてのわらべうたでひざのせ遊びをしてあげると、タカくんは、身体を弾ませながら大喜びです。「こんなに笑いあったのはいつぶりかな？」と、母親はふと気づきました。

118

## ふねのせんどうさん

ふねの　せんどうさん　の せとく　れ、あ　ぎっこん　ぎっこん

きょうー　は　あらなみ　の せられ　ぬ、あ　ぎっこん　ぎっこん

　それからすんなりと布団に入ったタカくんは、母親に背中をトントンされるうちに、すっと眠りについたのでした。そんなふうに2週間ほど過ごしたころ、嬉しいことが起きました。

　毎朝、保育園の玄関につくと泣いてばかりいたタカくんが、この日、保育園の手前で母親の手をほどき駆け出していきました。そして、玄関でくるりと振り返り、「ママ、いってらっしゃい！」と母親に向かって手を大きく振ったのでした。タカくんのタイミングでお別れできたのは、はじめてのことでした。

**【発達心理学の視点でエピソードを読み解く】**

　タカくんは、きっと母親の温もりに触れたかったのでしょうね。安心して眠るタカくんの寝顔とともに穏やかな寝息も伝わってきます。母親としての成長も嬉しいエピソードです。これを生涯発達心理学の視点で読み解くと、次のような解釈ができるでしょう。

　まずタカくんは、母親の視線を自分に向けさせ、自分を見てほしいと願っています。もちろん、3歳のタカくんはそうした自分の思いを分析し言語化して伝えるといったことはできませんが、「お風呂に入ろう」という具体的な行動を粘り強く提案することで、自分の思いを潜ませることに成功している点は見事です。ご近所の奥さんの気の利いたアドバイスのおかげで、母親とたっぷり触れあう体験を重ねるこ

とができたタカくんは、母親との信頼の絆を得て、保育園での遊びの世界に足を踏み出すことができたのでしょう。

　母親も、生活の中の隙間のような時間にこそ子どもと触れあうことが大切であることを、子どもの後ろ姿から学ぶことができたようです。また、アドバイスをくれたご近所の奥さんの存在が、親子の子育てを緩やかに支えてくれているのも嬉しいですね。

　エピソードの中で、タカくんは母親の応答的な関わりを求めていましたが、こうした関わりを基礎として、人間は生涯にわたり成長していきます。

## ❷ 育ちのエッセンス　発達心理学的知見

### （1）人との関わりを引き出す赤ちゃんの秘めた力

　人間の最大の特徴は、「学習」する力といえます。例えば、鳥の帰巣本能や魚の遡上本能は、子孫を残す上で最適な場所で命をつなぐことを可能にしますが、環境の変化には脆弱です。一方、人間はこれまで移動を重ね、道具や言語を開発し、生活様式も変えながら現在に至っています。人間は学習能力を発揮することで、環境の変化に柔軟に対応してこられたのです。

　17世紀のイギリスの哲学者ジョン・ロックは、赤ちゃんは「白紙の状態で生まれる」[2)]と述べていますが、そう考えるのも無理はありません。言葉を話さず、泣くだけの（ように見える）赤ちゃんが、1年もすれば立ち上がり、「ママ」「パパ」と愛情のこもった言葉を発し、周りの大人を喜ばせるのです。白紙の上に、学習という絵具でみるみる絵が描かれていくようでもあります。

　しかし、研究の進展にともない、赤ちゃんは戦略的といえるほど周りの大人の関心を自らに向けさせ、人との関わりを生み出す能力をもって生まれていることが明らかとなってきました。つまり、学習能力を発揮させるための学習環境を、赤ちゃん自身が整えているというわけです。

120

そもそも泣くという行為も、ほかの人の注意を自らに向けさせるものですが、穏やかに目覚めているときの赤ちゃんを観察していると、声のする方向に顔を向けているのがわかります（言語心理学参照）。胎内で聞いた声の記憶がそれを可能にさせるのです。その視線に誘われて大人が思わず赤ちゃんを見返します。すると、自らに顔を向けた大人の表情について、生後 1 日目の赤ちゃんでも、人の表情を模倣する能力を備えていることが明らかとなっています[3]。これは新生児模倣といわれるもので、大人が舌を出すと、赤ちゃんも舌を出すという現象です。赤ちゃんはお腹の中で鏡を見た経験もないですし、自分自身の発見も数ヶ月を待たなければなりません（身体心理学参照）から不思議なことではあるのですが、こうした新生児模倣によって他者の身体感覚を自らの体験と結びつけ、表情を学び始めます。

また、生後 1 週間ほど経つと、赤ちゃんは生理的微笑を頻繁にするようになります。これは筋肉運動の類いで、あたかも笑っているように見えるのが特徴的です。まどろんでいるとき、また眠っているときでさえも確認されます。その微笑らしい表情を向けられると、大人は思わず赤ちゃんに微笑みを返したり、優しく話しかけていきます。嬉しい誤解から始まるこうしたやり取りを赤ちゃんは学習し、3 ヶ月ほどすると、意図的な微笑、つまり社会的微笑として定着させます[4]。エピソードの中のタカくんと母親の間で交わされた笑いと同質のものです。また、8 ヶ月くらいになると、「おどける」という行為を行って、大人から積極的に笑いを引き出していきます[5]。

胎内から続く声の記憶を頼りに、そして本来備わった能力を生かしながら、赤ちゃんは一対一の温かなやりとりを引き出し、言葉や感情など人間が生きていく上で必要不可欠な学びを開始していくのです。

## （2）育てられる者から育てる者へ

マザリーズは、母親など子どもの周りにいる大人たちが、子どもに語りかける際の音楽的特徴をもった語りかけを総称した造語であり、

身体心理学でも、親子の関わりの中で重要な意味があることが説明されています。

　そのマザリーズは、Ferguson[6] の報告以来、様々な国や地域の母親、そして母親とは特徴の多少の違いはありながらも、父親[7]、祖母[8]、加えて子育て経験がない若者[9] でさえも、子どもをあやす際の発話の特徴として確認されています。

　ただし、子どもに関わった体験が乏しい女子大学生は、体験が豊富な女子大学生に比べ乳児に話しかける際の声の高さは高くなるものの、速度はそのままであり、話しかける言葉のレパートリーも少ないことが示されています[10]。身近に子育てをみる機会が乏しい若者は、マザリーズを発する大人を観察すること、また、マザリーズに敏感に反応する赤ちゃんを観察することも少なくなり、行動として取り入れることができないのでしょう。これは、進化心理学でも述べられているように、自然な子育てを観察する機会が多いチンパンジーの母親の方が、そうでない母親に比べ、子どもを自分の手で育てることができるといった報告とも重なるところがあります。しかし、子守唄や遊ばせうたといった類いのわらべうたはマザリーズそのものですから、子育ての体験が十分とはいえないまま母親になったとしても、わらべうたで歌いかけるうちに、自然と普段の言葉にもマザリーズが表れてくることでしょう。わらべうたには、「こういうふうに子どもに歌いかけたらいいんだよ」といった先人からのメッセージも含まれているように思います。

## （3）愛着と探索と

　赤ちゃんが周りの大人の関心をひきよせる秘めた力をもって生まれるのも、周りの大人が思わず微笑みかけマザリーズで語りかけるのも、そのやりとりによって、親子の間に情緒的な心の絆を結んでいく必要があるからです。こうした親子間の心の絆は、第二次世界大戦後、児童精神科医のボウルビィによってはじめて提唱されたもので、愛着

(attachment) といわれます。日本語では、使い慣れた日用品や子ど
も時代に遊んだ人形などに「愛着がわく」と使いますが、ここでの愛
着はそれとは異なり、文字通り、子と親の間で愛情があたかも接着し
ている状態を意味する造語です。

　ボウルビィがこの考え方を提唱した背景には戦後の悲しい現実があ
りました。戦争孤児の多くは、施設で養護されていた(清潔さは保たれ、
食事も十分に与えられている)にもかかわらず、死亡率が高く、多く
の子どもが知的障害や精神疾患を抱えていたのです。WHO (世界保
健機構)の調査依頼を受けたボウルビィは、1951 年に報告書[11]の中で、
母性的な養護の重要性を指摘しています。母親あるいは母親に代わる
大人から、家庭的な愛に満ちた生活を与えられることができなかった
子どもたちは、生後 3 ヶ月で興味や応答性を失い、6 ヶ月で表情を失い、
1 年で新しいことへの抵抗を示すと報告されています。その後の研究
では、劣悪な養育環境は子どもの脳の発達を阻害することが実証され
ています[12]。ボウルビィの提唱は、目を見つめ語りかけ微笑みかけ、
肌と肌を触れあわせ子どもの返す表情や声を喜んで受けとるといった
日々の心のこもった関わりが、子どもの成長の土台になることを世の
中に伝えたのでした。

　特定の相手に対する愛着の形成と人見知りが始まる時期は重なりま
す。周りの大人が手を貸そうとしても赤ちゃんの方が大泣きしてしま
うので、母親の方は「おやおや」といった感じですが、ちゃんと「愛着」
が育ってきているのだな、と思って安心してほしいと思います。その
後、愛着が形成された相手を「心の安全基地」として、子どもたちは
積極的に探索活動を開始します[13]。先ほどのタカくんも、母親が心の
安全基地となり、安心して保育園に駆け出すことができたのでしょう。
親子でわらべうたの会に参加している子どもたちをみると、「愛着」
と「探索」は、2 つで 1 つであることがよくわかります。はじめての
場に来たばかりの子は、母親のひざに乗って周りをしっかり観察しま

す。しばらくすると歩み出るのですが、ちょっと驚いたりすると再び母親のひざを求めて戻ってきます。だんだん場に慣れてくると、母親のひざは長らく留守となり、子どもたちは子どもたち同士で遊び始めます。

　心の安心感は自らの興味関心を広げることにもつながりますし、その後の「生きやすさ」は、この愛着が基盤となっています。

## （4）自分探しの旅

　「自分らしく生きる」ことは一生にわたる課題ですが、この日本において、自分をありのままに受け入れつつ、自分を価値ある存在だと認めることは容易ではないようです。国際的な比較によると日本の児童の自尊感情の得点は低く[14]、同様の傾向は、青年期、中年期、高齢期においてもみられています[15] [16]。また、多くの青年が、「キャラ」を通して居場所感を得ていこうとするなどの研究には[17]、現在の日本の風潮が反映されています。

　人間は、他者からの比較や評価に過剰にさらされることで世間の目が気になり、自分自身がよりよく生きることに十分な心の資源を使うことはできません。社会の中で温かく受け入れられていくこと、人に対してもまた自分に対しても温かなまなざしを向けていくことで、自分自身に対する自信を高めます。わらべうたで遊んでいるときに大人の方もなぜだかほっとするのは、社会の中で受け入れられているといった実感をもつことができるからかもしれません。

## （5）一生にわたる応答性

　人間の育ちの中核にあるものとわらべうたの素晴らしさに共通するものは、「応答性」ではないでしょうか。「応答する身体」といってもいいかもしれません。

　赤ちゃんが周りの大人から積極的な関わりを引き出す能力をもって生まれてくることはすでに述べましたが、親も敏感にそれに反応していきます。1 ～ 18 ヶ月の乳児とその母親の相互作用を対象とした研

究[18]では、次のことを示しています。生後 1 ヶ月の頃は、母親は赤ちゃんの発声の直後、その発声の特徴そのままに発声を返していきます。次第に赤ちゃんの気持ちが発声・身体・表情など多様な方法で表現されるようになると、母親も複数の表現で応じていくようになります。

　子どもがおどける表情をしたり、両手を広げて身体を揺すっている場面で、その表情や身体の動きを通して発せられる様々なメッセージを読みとっていく感性は敏感性といい、笑顔いっぱいにくすぐりで応じていく感性を応答性といいます。

　わらべうたには、相手の心の動きを敏感に感じ取りながら応じていくといった敏感性と応答性の両者が遊びとして組み込まれています。「だるまさんだるまさん」（p.60）では、相手の表情を読みながら、それに応えて表情を変えていくことが遊びになりますし、後ろの正面の子どもを当てる「あめこんこん」（p.170）では、後ろの子の鳥の鳴きまねを聞き、声色や言い方に個性を探り、声の主を探っていきます。「はないちもんめ」（p.100）では、遊びとしてぎりぎりのかけひきをしながら、集団対集団の応答性が遊びとしてうまく機能しています。

　こうした応答性は、乳幼児期に限らず、人と人との関わり（コミュニケーション）の基本ですから、児童期においては友だちの世界を広げる際に、青年期においては異性とのつきあいで、中年期においては社会との関わりの中で、老年期においては身近な家族との心の交流での要となっています。

## ❸ メッセージ　「育ち続ける存在としての子どもと大人」

　わらべうたには、赤ちゃんから祖父母の世代の大人たちまで、人と人との関わりを引き出すしかけが見事なまでに埋め込まれています。特に、目と目をみつめあい、温かな感情を交流させるといった 1 対 1 の二項関係を促すわらべうたは、親子の愛着の形成を促し、また、新たに出会った人々との相互の信頼関係を育みます。

遠野のわらべうたを広く伝承してきた阿部ヤヱは、特に、乳幼児期のその育ちの道筋を丁寧に紹介しながら多くのわらべうたを紹介しています[19)][20)]。それは、子どもの育ちに応じた多様なわらべうたがこの日本にはあることを意味しますが、同時に、子どもを慈しみ、また、子どもの成長を喜びあっていた大人たちが私たちの日本の文化の一部として存在していたことも示すものです。

　今、私たちはわらべうたについて学びなおしの時期を迎えているのではないかと思います。私たちは学び続けることができる存在です。失われつつあるわらべうたの価値を現代において再解釈していきながら、再び、子どもに戻していけたらと思います。まずは、子どもの目を見て、にっこり笑いかけるところから始めていきたいですね。

## 第3章のまとめ

　6人の研究者が6つの心理学領域から、子ども本来の育ちとそこにわらべうたがあることの意味について語りました。

　進化心理学では、霊長類を対象とした研究を参照しながら、人間の根源としての同調性やリズムの共有に焦点が当てられていました。また、生涯発達心理学においては、同調性から応答性へといった道筋が示され、親子の愛着関係や人への信頼感の基礎がわらべうたに内在していることが指摘されました。また、生後すぐの能力については、身体心理学・言語心理学において、子どもの有能さが浮き彫りにされるとともに、子どもが身体感覚を通してまた推論を駆使して、積極的に世界をつかもうとする姿が紹介されました。感情心理学・教育心理学については、わらべうたで遊ぶことが人間としての感性と知性の両者の育ちに貢献しうる可能性が示されました。

　第3章では、わらべうたを真ん中に6つの鏡を並べ、それぞれの鏡に映し出された像を分析的に読み解いていったわけですが、その真ん中にあるわらべうたを、遊び手も含めたまるごとの現象としてとらえていくことが難しいのも事実です。

　そこで、第4章では、わらべうたそのものだけではなく、わらべうたで遊ぶことによって生じる「場」について、子どもとともに遊んできた大人たちに思いを語り合っていただき、わらべうたの本質に迫っていきたいと思います。

本当に大切なこと編

# わらべうたが
# 生み出す「場」

# わらべうたが生み出す「場」

**鼎談** ● 落合美知子・田中元気・梶谷恵子

　わらべうたの魅力は、母語のリズムや繰り返し楽しめる遊びとしての要素など語りつくせませんが、忘れてはいけないのが、遊び手同士の心もちによって生み出される「場」の雰囲気です。笑顔で満ちあふれ、温かな雰囲気に包まれるわらべうたの「場」は、広場、道端、部屋の片隅など、ふっとたちあがってくるものですが、それを正確に記述しようとすればするほど、その実態から離れていくような、どこかつかみどころのないものです。しかし、わらべうたによって生み出される「場」こそ、子どもと大人の育ちを支える重要な要素だといえます。

　そこで、言語化しにくいこの「場」について、家庭・保育・子育て支援の中で、子どもと一緒にわらべうたを楽しんでこられたお三方に自由に語り合っていただき、みなさんの生の声を通して、わらべうたによって生み出される「場」とはどういったものなのか、その秘密に迫っていきたいと思います。

　ある静かな夕刻、子どもたちの遊びの余韻が残る幼稚園の一室をお借りして、自由な語らいの時間をもちました。

　日本の異なる土地で異なる人生を歩んでこられた3人が、ここで出会い、思いを語り始めます。一人の言葉がさらにもう一人の言葉を引き出し、時に重なり合う、そんな嬉しい化学反応がいたるところで起きたのでした。

　さて、どのように話が展開したのでしょうか。3人の会話に耳を傾けてみましょう。

　　　　　　　　　　　　　　　　　　　於　関西学院幼稚園

# 鼎談 テーマ：
# わらべうたが生み出す「場」の魅力

落合美知子さん：家庭文庫・図書館・子育て支援等の場で、わらべうたの実践や紹介をしている。わらべうたの研究家としても活躍。

田中元気さん：幼稚園教諭として、自然いっぱいの幼稚園で子どもとわらべうたで遊ぶ毎日。家では0歳と3歳の2児のパパ。

梶谷恵子さん：子ども時代・幼稚園教諭時代・大学教員時代と様々な人生の一コマの中にわらべうたが。5年前より家庭文庫を開設。

## 私たちそれぞれのわらべうたとの出会い

**田中**　園で働いて13年になるんですが、わらべうたに関しては幼少期に遊んだ経験はさほどないんですね。この幼稚園に勤めはじめて数年たったときに、当時の園長に「元ちゃん、自分の中に研究テーマをもったほうがいいよ」とアドバイスをいただいて、もともとギターやピアノは趣味としては好きだったこともあり、「じゃあ、僕は音楽で…」となんとなく、ほわっとしたイメージだったんです。ただ、「別の切り口のほうが、元ちゃんの保育に深みが出るんちゃうか。わらべうたなんか、どうや」と言っていただいて、そこからです。そして、わらべうたを通して子どもが変わったというよりも、僕自身が子どもを見る目が変わったというところが、ここ数年わらべうたと歩んできて思うところです。ようやくわらべうたならではの雰囲気に入っていっているところかもしれません。

**落合**　私が生まれたのは終戦の年なんですね。父の希望で山村地帯に引っ越し、そこで育ちました。あたりまえの暮らしにわらべうたがあり、昔話がありました。田舎は不便なところでしたが、よく考えてみると村中に子どもの声があふれていましたね。「子どもは宝だよ」と言ってもらえる、そんな時代・暮らしでしたね。20歳のときに、

石井桃子先生の『子どもの図書館』という本に出会い、「あっ、子どもがおはなしや本に出会うことって、こんなに素晴らしいんだ」って心を動かされまして、公共図書館に勤めたわけですね。そして、本の前に「声の文化」を経る必要があるという思いから、図書館の中でも読み聞かせや語りをしていました。図書館をやめてから家庭文庫を開いたわけですね。70年代の中頃くらいですね。それから、子どもたちはだんだんおけいこや塾通いで忙しくなって、代わりに90年くらいになったら赤ちゃんづれの人がくるようになりました。そこであたりまえのようにわらべうたをしてみたんです。すると、ほんとに場がね、お日様の陽だまりのような雰囲気になっていって、子育て中のお母さんがどんどん変わってきましたね。そして赤ちゃんは、母語であるわらべうたを、母乳を飲むようにして主体的に吸収していますね。そんな親子の様子もみせてもらいながら、わらべうたってこんなに素晴らしいんだよっていうことを教えてもらっている段階です。

梶谷　私は、31年間幼稚園に勤めたあと、母校であるノートルダム清心女子大学で保育者を目指す学生の指導にあたりました。私は文化学研究室に所属していたのですが、わらべうたを研究したいという学生さんがでてきました。私も、遊んではいましたけれど、改めて研究を考える中で、本書でも登場する赤松百合子さんの文庫にお力を借りようと、生まれたばかりの孫や娘と一緒に学生とわらべうたの会に参加させていただいたのですが、その場の温かさや子どもの可愛さに引き込まれたんです。退職後は家庭文庫を開き、月に1回、赤ちゃんを囲む会と名づけ、乳児から小学生の親子さんとわらべうたを楽しんでいます。この場がねえ、みなさんのおかげでとろけるように嬉しいんです。本当に今、私たちはわらべうたの奥深さに魅せられているところです。

## あるがままに受けとめられる子ども

田中　わらべうた遊びのあのゆったりとした時間を過ごす中で、得られたというのがあって。わらべうたの場にいることで、あるがままに受けとめられている感覚が生み出されるんですよね。言葉で伝えるのはなかなか難しいものがあったんですが、それが見えたところがやっぱり、大きな財産ですよね。

落合　わらべうたって、そうなんでしょうね。わらべうたをしているとね、比較しなくなりますよね。

梶谷　ほんと、比較しなくなりますよね。

落合　わらべうたの時間に子どもが走りまわっていると、お母さんは、ついついほかの子と比較して、つらい気持ちになってしまったりもするのだけれど、周りにいる大人が、ゆったりと構えて、「走っていても、だいじょうぶよ。そのうちやるようになるからね。止めなくても大丈夫よ」と言ってあげるとね、お母さんも、ほっとしてくれますね。

梶谷　この場にいてくれさえすれば、それでいいんですよねええ。

落合　この場にいたらね、どんなことがあっても、大丈夫よってね。よその子と比較しなくっても、この子はこの子の成長があるのよって。わらべうたをしている人たちは、言えますよね。

　子どもって、そこにいる人みなのまなざしで、自分が愛されているかどうかは、直感で感じますよね。赤ちゃんは、その部屋に入ったときに、部屋の雰囲気を感じとりますね。部屋の雰囲気というのは、そこにいる大人のまなざしとか、愛する気持ちとかですよね。

梶谷　あれは不思議ですよね。そこに集ってくださるみなさんの力ですよね。

落合　空気ができるってね。そういうところなんでしょうね。

## 大人も心地よく、そして優しくいられる

梶谷　ある保育者さんが教えてくれたことですけどね、ちょっとこだわりのある子どもさんがいらして、寝そべって、「いやー」ってしてたんですって。そしたら、不意に身体の中からわらべうたがでてきて、その子に「どうしたの〜」って言いながら、「にゅうーめん、そうめん」って腕をもって遊び始めたんだそうです。するとその子は、「いひひ」って小さく笑い始めると、身体全体の緊張がふっとほどけていって、同時に、それまでの不快な気持ちを忘れたみたいになったんですって。そして、先生のほうもいつもならイライラするのに、わらべうたをしたことで、自然に気持ちもすうーっと落ち着いていったんですって。

田中　落ち着かされるんですよね。歌いながらもですし、子どもに話しかける言葉も語る言葉にも。緊張すると早くなったり、あせってしまったりして、早口言葉になるじゃないですか。じゃなくて、ゆったり伝えないと届かないというのも、わらべうた遊びを通して、自分自身、気づいたところです。

梶谷　ゆったりする中で、こちらの気持ちもすごく落ち着いて、なんだか優しくなれるんですよね。

田中　わらべうたモードですよね。

梶谷　うちに来ている子の中にも、動きたい子もいるじゃないですか。そういうのを、お母さんたちの中には気にする方もいらっしゃるのですけど。そんな必要なくって。なにか自然にね。わらべうたの輪の中にいる周りの大人が自然に手を広げられるんですよ。そうしたら、すーっと子どものほうも来てくれてね。また、動き出したらねえ、そばにいた学生が、同じように手を広げてくれてね。すると今度は、お母さんがすごく安心した顔をされてね。ときどき、子育て支援の場で、「自分の子どもだけ浮いているように思えて、帰り道

に思わず子どもを戒めてしまうんです」というお母さんの悩みを聞くことがあるんですけど。わらべうたに来てくださっていると、お母さんたちのそういう気持ちがなくなって、子どもがどんなことをしても、自然と笑いに変わっていくんですよね。その子のやっていること、それぞれが可愛いって。輪になって座っていると、お互いの笑顔が見えて、大人も子どもも自然に笑顔になれるんですよね。

## リズムが合う・呼吸が合う

**田中**　今、自分の言葉は、どれぐらいのスピードで相手に伝わっているのかというのも意識していこうと、園では共有していたのですが、それがより意識できるようになったのは、わらべうたを通してですね。子どもの目を見ているかとか、背中越しに声をかけていないかとか、顔を見て伝わっているかとか、呼吸を合わせられているかとか。子どもの声も聞くようになりました。

**梶谷**　見えるし、聞こえるし、キャッチできるように、周波数が合うというかね。保育の世界では、共感性と応答性の大切さはよくいわれるんですけど、わらべうたの中にはその両方が自然に含まれていますよね。

**田中**　相手の声と自分の声を意識して、聞いて合わせるという時点で、人を思う関わりになっているんですよね。人の気持ちを考えなさいって言わなくっても、自然と相手を意識できるっていう雰囲気ができあがってるんですよね。

## 開かれる身体

**梶谷**　幼い子どもも、どの人もちゃんと役割を担ってね。みんなに元気を与えてくれるんですよね。

**田中**　人を見る機会が作られますよね。大人も子どもも。子ども同士でもそうですし。僕らもそういう見る目を、わらべうたを通して学

んでいる。見ようとして見ているから、比較はしないけれど、一人
ひとりが見えてくる。

落合　赤ちゃんは、声が好きですよね。泣いていてもね、わらべうた
の声が聞こえてきたら、ぱっと泣きやんだりね。赤ちゃんのころか
らそうですよね。言葉にならなくても、言葉を発してね。あれ不思
議ですね。同時に出すのね。ちょっと大きくなったら、まねをする
ようになってね。ほんと、赤ちゃんの場合は、一斉に声を出します
よね。なんかこう、響きあうというか。出しなさいっていわなくっ
ても。思わず出したくなる気持ちっていうのが、不思議ですよね。

梶谷　最初に孫で実感したのが、「めんまるさんにまいって、おはな
の…」のわらべうたを孫と遊んだときでした。ある日ね、それをし
ていたら、「おいけのまわりを…」といったらね、あごをぐっとあ
げるんです。「あごさかおりて」っていったら、ぐって、胸をはる
んです。

落合　胸をはって、やってくれっていうのよね。

梶谷　そうなんです。子どもがちゃんと身体を開いていっているって
感じなんですよね。

落合　子どもはね、思っている気持ちもね、身体で表しますよね。そ
れは、身体性ですよね。絵本はできない。やはり手や足、そして五
感をすべて使うし、踊りだしたりするでしょ。うたを聞いただけで、
身体で表現する。身体で表現することについては、小さい子どもは
すごい力をもっていますよね。顔だけ見てあやしてても、赤ちゃん
は、足もちゃーんと動かしているんですよ。

梶谷　お座りがやっとできるくらいの子どもさんも、こちらが笑顔を
向けると絶妙なタイミングで笑顔を返してくれますよね。

落合　ある講演会で、お母さんに「ととけっこう」をお伝えしてね、
お子さんたちを「ととけっこう」で起こしてみてくださいって言っ
てもね、声を出さないんですよ。２時間の講演の最後は「ととけっ

136

こう」をみなで歌いましたけど。声を出すとか笑うって、自分を解放することで、大人もみなあるんだけど、それが出せないのが、今の世の中ですね。スマホをしてると声を出さなくてもすんじゃうでしょ。でも、声を出してみたら、気持ちいいんですよね。わらべうたは、声を出すというところから始まるので。

「ひらいたひらいた」は、輪になって、みなが近づいていきますね。人間って人間が好きなんですよね。そうでないと、私たちは存在していないですしね。小さい子って、そばに顔をつけるとみな嬉しそうにしますね。人間って、みなの顔が近づくのが嬉しいんですよね。

**梶谷** あの笑顔。やっぱり、人間同士ね。

**落合** 触れあうことは、喜びであったはずなのにね。

## 子ども一人ひとりのペースで自己発揮

**田中** ただ、わらべうたにまだ慣れていない自分もいるんです。そこは落合さんや梶谷さんのように、あたりまえの暮らしの中にわらべうたがなくって、新たに取り入れたものなので、なんか、ぽーんって、出てこないところが葛藤としてあります。かなり意識しないと、ぱっとそこに出てこない部分もあって。

**落合** これまで、ふっと出てきたことってないですか？

**田中** 確か、以前、「このこどこのこ〇〇ちゃん」とか、背中を触って名前呼ぶだけで、「あれ？　これだけでよかったんだ」みたいな感覚はありました。話を聞きなさいって言わなくても、これをすると、子どもたちが自然と友だちのほうを向くようになったし、僕とも目が合うようになったし、言葉を聞くようになったし。落合さんがおっしゃっていた、「声の文化」って確かにそうだなぁって。

**落合** 子どもは、同じわらべうたでも、けっして大人のいうようにわらべうたをしなくって、必ず変化をさせていきますからね。この前もね、「なべなべそこぬけ、そこがぬけたらかえりましょ」って言っ

たらね、「かえらない！」って言うものだから、なかなか終わらなかったんですって。もともと、わらべうたは、伝承の中で子どもたちが作り出してきたものですしね。生活も繰り返しですよね。朝起きて、遊んで、昼寝してってね。生活の中の繰り返しのリズムって大切なわけなんだけれども、じゃあ、同じ繰り返しの中にいたら成長しないかっていうとそうではない。子どもはもう場ができたらその中で、子どものほうからどんどん変わっていくというのを、毎回毎回見せてもらっています。子どものまなざしを見たら、私たちに対する思いも伝えてくれますよね。今は、若い保育者さんもお母さんも、最初は子どもにどう接したらいいかわからないということもあるかもしれませんが、わらべうたの関わりを繰り返しているうちに、子どものほうから伝えてくれたり、言い返してくれたり、いろいろ教えてくれますよね。

梶谷　よく飽きないもんだってくらいね。続きますよ。

田中　それが一番安心します。途中からやり始めた者としては、レパートリーを増やさないといけないとか、そのメロディの譜わりを間違えてはいけないんだとかといった思いが始めたときに一番あって。楽譜を何度も見直して。でも、そんなもんじゃないのかな、というのがちょっとずつわかってきたので。多分、歌いながら僕の節になってきているんでしょうし。子どもたちも、いつのまにか自分の節にしていきますしね。

落合　子どもにとってはじめてのわらべうたを次から次にしたら、子どもは、かえって自分の力を出し切れないんですよ。だから繰り返すということはおもしろいですよ。最初、部屋に入れなかった赤ちゃんや子どもにも、「いいいい、入れなくてもいい。そこにお母さんといて」ってね。ドアを開けているんですけれど、継続してやっていると、だいたい最後は入ってきて、一番前に行って、声を出してね。そのくらいどんどん変化しますよね。

梶谷　いくら大きくなっても子どもさんそれぞれ違うじゃないです
　　か。この前は、６歳の男の子が、知らない人のひざには最初行けな
　　かったのだけれども、最後は、「もっとやりたい人！」って聞いた
　　ら、一番に、「はいっ！」って手を挙げてね。もう、そういうふうに、
　　繰り返しの中でね。どんどん自分が出せていって、楽しめてね。な
　　んか、その子のペースで、入っていけるのが、すごくいいですよね。

田中　やりたくなったら入ってきますしね。

落合　それでいいんですもんね。その子のタイミングは、みな違いま
　　すよね。

梶谷　そのタイミングがこちらも見えてくる。不思議とね。

落合　子どもを見ていたらわかるんですよね。

梶谷　その子のリズムに合わせてあげることができるじゃないです
　　か。やっぱり、そこに響き合いが生まれるんですよね。そこは大事
　　よね。

## 相手で場が生み出される

落合　わらべうたは、一人でするものじゃないですね。童謡だったら、
　　気持ちよく、一人で歌うということもできるのですが、わらべうたっ
　　て、相手があって、人とやりとりしながら遊ぶ中で育ってきたもの
　　だから、必ず相手が必要なんですよね。

田中　場は相手があって生み出されるということですね。

梶谷　季節の変化に触れると忘れていたようなわらべうたでも、自然
　　にふわっと出てきますよね。

落合　季節のものを歌うし、自然への関心も深まるしね。「たんぽぽ」
　　とかね。「みんなたんぽぽが出てたよ」とか声をかけているうちに
　　わらべうたが出てきますよね。

梶谷　この前、孫娘を連れて海岸を散歩していたんですけどね。波の
　　音を聞きながら、「ちゃっぷちゃっぷ　ちゃっぷちゃっぷ　こなみ」

と自然に歌いはじめたんですね。それを孫は、知らないから、「おばあちゃん、そのおうたなあに？」て聞くものだから、そこから一緒に、「ざんぶりざんぶり　おおなみ」なんて歌っていたら、楽しくなっちゃって。

田中　2人でも、場が出来上がるんですよね。海にいてもですよね。

梶谷　自然にね。

落合　失敗したこともありますけどね。お葬式のときに、私も孫にそこでは静かにして待ってようねって言いながら、「いっぽんばし　こちょこちょ」で遊んでいたら、どんどん楽しくなっちゃって。悲しいときに、笑い声を出して。空気がそこでできちゃって。私もまずいおばあちゃんだったんですけどね。

田中　その小さな場に、心癒やされた人もいたでしょうね。

梶谷　大学では、学生が幼稚園に行って一緒にわらべうたをする機会を設けているんですけど、お姉さんと遊ぶのが子どもたちは、もう、嬉しくってね。帰る間際のさよならのときも、玄関まで追いかけてきて、見送りしてくれたんですよ。タッチしたり、手を振ったりしながら、「まいにちきてもいいんよ！　あしたもきてもいいんよ！」って声を出してね、最後は、「ぼくんちきてもいいんよ！」って。どれだけ楽しかったか。自分に向き合ってくれて、一緒に遊んでね。

落合　お家の中で、「ととけっこう」1つ覚えていたら、家庭がすごく明るくなりましたって言われますね。子どもはテレビよりも、お母さんに声を出して遊んでもらったほうが、楽しいんですよね。

梶谷　機械の音しか聞いていないですしね。

田中　耳が痛い。息子は、テレビを見るというのが、増える一方なんで。

落合　刺激が強いから。

田中　自分では全く考えずにね。

落合　何もしなくて済むしね。

梶谷　せめて、お風呂の時間とかね。

落合　お風呂の時間ってすごいですね。調査をしているんですけどね。たいていお風呂の時間ですね。「おやゆびねむれ」をお父さんにやってもらったとかね、嬉しそうに子どもが教えてくれるんですよ。父親とのわらべうたをお風呂でやっているというのは、いいですよね。子どものほうから、やってくれって言うから。

梶谷　やってほしいみたいですよ。孫が３人いたら。娘が心配して。おばあちゃんがのぼせたらいけないからって。もう、孫なんか待っていますしね。ひざのせ遊びのわらべうたの「ふねのせんどうさんしよー！」って誘ってきてね、冬になったら、「どんぶかっかよ！」って。歌詞に「あったまってあがろ」とあるんですよね。孫は、季節によって遊びたいわらべうたを求めてきますね。

## まなざしは育てられる

落合　子どもは、直感ですからね。感性もすごくいいので。空気を作り出すのは、まずは、まなざしですからね。

梶谷　言葉でいくらとりつくろったってね。

落合　そのまなざしもわらべうたで育てられるんですよね。周りの人たちを見ていると、何年かやっている人たちは、そういうまなざしになれるので。わらべうたと子どもによって育てられたなって思いますよね。

田中　うちの園長が温かなまなざしについては、よく語られるのですけど、子どもをどういう風に見守るか、そのまなざしは大切ですよね。

落合　目のきつい人って、みな静かにするんですよ。周りの空気が緊張してるんですよね。表面的にみると、まとまりがあるように見えるのだけれど。そこに流れる空気も全然違いますね。

梶谷　温かなまなざしでなければ他律ですから、子どもは育ちませんね。先生がいなくなったら、バラバラで。ぐちゃぐちゃのように見

えるクラスでも、温かいまなざしで見守られてそれぞれの子どもが
自己発揮できていれば、先生がいなくなっても、やっぱり心がつな
がっているので一致団結します。

落合　語りでもそうですね。「うちのクラスは、一番元気なんでね、
　　　お話とか聞けません」とか言われることがあるのですけれど、聞け
　　　るんです。本当に、一番聞けます。手助けが必要な子どもがいると
　　　きも、助け合いますしね。

田中　昔話とか、絵がなくてもよーく聞きますよね。

落合　遊んだりできる子ほど聞けますよね。わらべうたってそういう
　　　力があって、人の話を聞きたいという気持ちで聞くから。

田中　子どもの主体的な部分でね。目に見えないからこそ、わかりに
　　　くいんですよね。目に見えるようにすると、ちょっと楽になります
　　　よね。

落合　自然に目に見えるようになるんですよね。時間がかかってもね。
　　　あとから、元気いっぱいだったお子さんのお母さんが、報告に来て
　　　くれますね。落合さんに遊ぶのが大事だって言われて遊ばせたら、
　　　2年生の今では、本は大好きだし、学ぶことが楽しくなって、学校
　　　も大好きになっているんですって。

田中　幼児期も、大人の方が目に見える評価で先行しがちですけど、
　　　「悔しがるようになりました」とか、「こんなことを悲しめるように
　　　なりました」とか、「ここに怒っていることは、これを考えている
　　　んですね」とか、できるだけ、目に見えない心の動きの成長に気づ
　　　けるように保護者にもお伝えしていこうというのは、本園では大事
　　　にしているところです。

落合　その子その子にあって、待ってあげるってね。

田中　それって、保育者が一番がんばらないといけないところですよ
　　　ね。

落合　見守るまなざしですよね。

## これからの子どもの育ちにわらべうた

梶谷　もう 10 年も前、園でわらべうたの会をしたことがあるのですが、親のひざにすわれない子がいましたよね。

落合　今でも、いっぱいいますよ。おんぶもできないとかね。お母さんがいつも怒ってるとね、子どもも身を任せられないんですよね。でも、最終的には保育者さんよりも、お母さんですからね。

梶谷　そこが究極ですよね。

落合　どんなにがんばっても、一番身近な親を子どもは求めますね。やっぱりね、親っていうものの存在は、そういうものなんですよね。せっかくの親なんだからね。

梶谷　周りで可愛いって言ってくれる存在の人も大切ですよね。私が幼稚園教諭時代、いつも保護者に言っていたことがあります。それは、「周りの人から、いい子だねとか、可愛いね」って言われたら、謙遜しないでくださいねってことなんです。「そんなことないんですよ…」なんて、親の謙遜した言葉をそのまま聞いていた子は、「ぼくは、そんなことないんだ」って思ってしまうのでね。だから、「ありがとう」って、「いい子でしょう」って言ってあげてくださいねって。そのときは、日本人の謙遜の心を忘れて。ほめられたことに対して喜んで、「うぁ～、ありがとう、本当に可愛いの」って一言、言ってあげてくださいねって。素直に周りの人からの愛情を親子でしっかり受けてほしいですよね。

落合　そこは、自尊心の根本ですよね。

梶谷　自己肯定感につながっていきますしね。わらべうたは、「あなたのことが可愛いのよ」って、伝えられる一番手軽で、身近で、便利なものなんですからね。

落合　この前ね、1 歳の子どものお母さんがね、家に帰ったら、子どもが「うーうーん」って何言っているか、わからなかったけど、あっ、

あれだったっていうのがね、「いっぽんばし」でね。「まだ言葉もしゃべれないですけどね。私の手をとってやってくれたんです」って。嬉しそうに報告してくれて。

梶谷　親として喜びを感じて、余計に愛おしくなる。そんな循環が、わらべうたにはありますね。

落合　わらべうたの場は、大人が用意しないとね。大人は子どもからわらべうたを奪ってますから。明治期でも教科書にはわらべうたをほとんど載せなかったり、高度成長期に道路でも遊べなくしましたしね。排除したのは、大人なんですよね。子どもが捨てたわけじゃないのに。一度ね、どん底におちたみたいだけど、やはり人と人はつながっていかないとね。

梶谷　体験をしてくださらないことには、この良さって、なかなか言葉で伝えきれないのですが。

落合　こんな世の中になっちゃったけど、少しでも温かい人の心の出会いの場を作っていきたいですね。

梶谷　温かさをね、広げていきたいな。

田中　とりあえず、帰って我が子に。

梶谷　その先の未来の孫にもね。楽しみが増えましたね。

左：田中元気　中央：落合美知子　右：梶谷恵子

# わらべうたの「場」に関する
# 心理学的一考察

　はじめて出会った者同士が、わらべうたや子どもの姿を語り合ううちに打ち解けていき、最後は朗らかな笑顔に包まれ、語りの時間は幕を下ろしました。実体験に根ざした3人の生きた言葉が自然と重なりながら、わらべうたの「場」とはいったいどのようなものか、その真実の一端をここに手繰り寄せてくれたように思います。

　ここでは、鼎談で語られた内容からいくつかのエッセンスを取り出し、心理学的な考察を深めていきたいと思います。3人により語られたことの多くが、人間に関するこれまでの科学の知見とぴたりと符号するとともに、未来の研究領域をも照らしています。

## ❶ わらべうたの場で生み出される人と人とのつながり

　エピソードの中で繰り返し登場していたのが、わらべうたの輪の中で、母親に「大丈夫よ」とそっと声をかけたり、駆け寄ってきた子どもを両手で受けとめてあげていた他者の存在です。

　【理論編・進化心理学】では、群れで暮らすチンパンジーの子育てにおいて、条件がそろえば年長のチンパンジーが「おばあちゃん」行動をすること、そして、人間の子育てにおいて、祖父母や周囲の大人の助けが必然となってきたことが指摘されています。しかし、現代に至り、日本の子育ては、人間本来の営みとは異なってきているようです。

　2018年に報告された「子育てに関する4か国の国際比較調査」[1]によると、日本は中国と比較して、祖父母や親せきが子育てに携わる割合が20%程度低く（日本62.7%、中国81.4%）、仕事をもっている日本の母親の子育てに対する満足度もまた、中国の母親に比べ30%程度も低くなっています（日本35.1%、中国68.3%）。父親の育児参加

の程度は両国でさほど変わらない現状を踏まえると、日本においては、子育てを見守ってくれる第三者の存在、ひいてはコミュニティ（共同体）の欠如が課題といえそうです。

　赤ちゃんが、人との関わりを自然と引き出す多様な能力をもって生まれてくることは、【理論編・生涯発達心理学】でも紹介されていますが、同時に、周りの大人を自らの子育てに巻き込むたくましい力をも、赤ちゃんは備えています。

　ゴリラ研究者の山極寿一さんは、ゴリラを長年観察するうちに気づいたこととして、人間の赤ちゃんがよく泣くことを記しています[2]。自らの力で母親にしがみつけるほかの霊長類と比べ、人間の赤ちゃんは、多くの時間を母親から物理的に離されます。生物として泣くという行為は生存上のリスクをともなうはずですが、より遠くに自らの存在を知らせ、その場に母親がいない場合や母親が手一杯の場合に、母親以外の大人から養護的関わりを引き出すことを可能にするのですから、理にかなっています。そうして引き寄せられた大人たちの助けが得られれば、その後の子育ても母親にとって楽になります。

　現在の日本において、わらべうたの場で出会える「おばあさん」的存在は、貴重です。出会ったばかりの親子に対して、そこにいる大人がさりげなく親子に関わることができるのは、少々不思議な感じもするかもしれませんが、それも【理論編・身体心理学】で解説されているように、遊びを通した信頼感がわらべうたの「場」で育まれるからでしょう。子育て中の親御さんは、わらべうたの場で出会った「おばあさん」的存在の大人たちに気楽に甘えてほしいと思います。それは、人間としての本来あるべき姿なのですから。

## ❷ わらべうたの場で交わされる温かなまなざし

　わらべうたの場が、そこにいる人たちの温かなまなざしによって生み出されること、そして、子どももまたそうしたまなざしを敏感に感

じとることが語られていました。実際、子どもの人のまなざしを「読む」
力については、心理学の領域では多くの研究の蓄積があります。

　まず、人間の目が、ほかの生物と異なり、かなり特徴的であること
を確認しておきたいと思います。私たちの白目（専門用語では露出結
膜）は、ほかの霊長類と比べて色素細胞による着色がみられません。
文字通り真っ白なのは人間だけだそうです。加えて、黒目（専門用語
では虹彩）に対してその比率が最も高く、また、横長の形状が特徴的
です [3]。白目が存在するということは、自らの死角を遠方にいる他者
に伝えることにもつながり、生物としての弱点となりえますが、それ
でも白目が存在するのはそれなりの理由があります。

　1つは、言葉の習得です。【理論編・言語心理学】でも例として挙
げられている新奇な「もの」の名前の学習の場面でも、「もの」を介
して「私」と「他者」の視線を共有する三項関係が土台となっていま
す。例えば、赤ちゃんがある「もの」に関心を向けつつ、「あれ何？」
というように母親と視線を交わすとします。すると、母親は赤ちゃん
の視線の先を追うことで、その「もの」が、「たんぽぽ」であり、そ
の「綿毛」が今まさに風に吹かれて飛びそうだといった言葉を引き出
すことになるでしょう。「たんぽぽ」のわらべうたも歌ってもらえたら、
さらに嬉しいですね。こんなふうに視線の先を共有することで、子ど
もは豊かな言語情報を身の回りの大人から引き出すことができます。

　加えて、視線の共有は、相手の心を「読む」上で役立ちます。例えば、
母親が隣の家の玄関先で吠えている犬を見て、思わず顔をこわばらせ
ているとします。すると、子どもは母親の視線の先を読みながら、きっ
と母親は「犬が怖いのだな」と心の状態を推測していきます。

　相手の目や口を見ようと自らの視線を調整できるようになるのが生
後1〜2ヶ月にかけて [4] です。そして、3ヶ月を過ぎるころから大人
の視線に合わせて自らの視線も動かしていけるようになります [5]。相
手の視線の先のものを見た後に相手に目を合わせ、またものを見ると

いった三項関係は 9 ヶ月以降となり、10 〜 11 ヶ月を過ぎると、「指さし」を行い、他者の視線を自分の関心へと積極的に向けるようになります[6]。

　では、まなざしの温かさを、子どもはいかに感じとるのでしょうか？ここでは、 1 〜 4 ヶ月の乳児を対象として行われた古典的な実験[7] を紹介したいと思います。赤ちゃんには、安全を配慮した乳児用のいすに座ってもらいます。そして、母親が対座し、赤ちゃんにいつものように微笑み、優しい声で語りかけます。次に、実験者の指示を受け、母親は表情からさっと感情を消し、真顔になります。即座に赤ちゃんは驚きの表情をみせ、不機嫌になり、顔をそむけます。赤ちゃんは、けなげにも母親に笑顔が戻るのを期待するかのように何度も覗き込みますが、反応が得られないとわかると、また不機嫌に顔をそむけます。強いストレスを感じているのがわかります。ほかの乳児も総じて、母親の表情から笑顔が消えると、即座にネガティブな反応を示すことが統計的にも示されています。その後、研究が蓄積され、こうした反応は乳児期にわたり確認されること、そして、性別や国による違いがないなど、普遍性があることが確認されています[8]。

　子どもほどの敏感性はないかもしれませんが、大人にもまなざしの「温かさ」は伝わるようです。看護師と患者を対象とした研究です[9]。実験者は、看護師に依頼して、目の前に患者がいることを想定して、「心を込めた声かけ」と「心を込めない声かけ」をしてもらいました。マスクをしている場合としていない場合も条件に加え、映像として記録しました。それらを患者に見てもらったところ、マスクをしていても、心を込めた発話のほうが心を込めない発話に比べてより望ましく評価されていたのです。心を込めた温かさについてはこの場合、まなざしにのみ表れますから、やはり、温かなまなざしは伝わっていくといえるでしょう。

　では、その温かなまなざしは、鼎談で語られていたように育ってい

くのでしょうか？ 【理論編・生涯発達心理学】において、子どもに向けられるマザリーズも、子育ての様子を観察することで育っていくことが紹介されているわけですが、マザリーズを発する際のまなざしも温かみのあるものに変化していることは容易に推測できます。

ただし、まなざしをどのように定義するのか、といった大きな課題が残されています。本書での「まなざし」あるいは「温かなまなざし」は、心理学実験において計測可能な「視線の動き」や「対象を注視している時間」ではありません。哲学者のメルロ・ポンティは、『眼と精神』[10] の中で、見るという行為について、「そのまなざしによってものに近づき、世界に身を開く」と述べています。その身とはすなわち私自身といえるでしょう。自分自身のありようと不可分なものとしてまなざしを再定義するならば、まなざしの育ちは、一人の人間としての成長を問われるのであり、わらべうたはそこに貢献しうるのです。

## ❸ わらべうたで遊んでいるうちにリズムや呼吸が自然と調和

リズムを共有し、呼吸を合わせることの心地よさを、3人はともに語っています。わらべうたの場では、リズムをともにした動きの調和がなされることは大きな特徴といえます。

わらべうたの多くが2拍子であり、身体全体でリズムに乗りやすいこととして、我々の二足での歩行と関連していそうだということは、1章で述べています。少々飛躍しますが、認知考古学者のスティーブン・ミズンは、ヒトが二足歩行になったことで、筋肉群の複雑な協調を時間的に制御していく必要が生じ、ここにリズムの維持とコントロールといった生得的な音楽能力の進化の源があると推測しています[11]。では、どうして私たちは、内的であるはずのリズムを他者と共有することを求めるのでしょうか？

【理論編・進化心理学】では、人間は自然と他者とリズムを共有することが示されています（チンパンジーにはその萌芽がみられます）。

マクニールは、集団内でのリズムの共有は、個々の境界線を消失させ、ある種の集団意識を高めるために有用であることを示唆しています[12]。「人間は人間が好き」といった言葉が鼎談であったように、リズムを共有し、一体感をともない集団の中に身を置く感覚は、人とつながりたいという人間の根源的な欲求[13]を満たすものかもしれません。

　ただし、同調的な動きには、リズムだけではなく、歌い、触れあい、笑いあうなど、実に多くの要素が含まれます。それらの要素の重なりも同時に考慮に入れた研究が必要となります。

## ❹ わらべうたの「場」で作られる空気

　しかし、わらべうたの「場」は、集団でリズムを共有する場合に限らず、相手がいて呼吸が自然と合っていくようなふとした瞬間に、まるで「空気」のように立ち上がってくることがあります。鼎談で語られていた祖母と孫の海岸での出来事がそれです。祖母と孫の前に広がるきらめくさざ波と祖母のわらべうたが新たな情景を醸し出し、2人の思いが自然と重なっていく様子が小さな出来事として語られていました。

　メルロ・ポンティは、祖母と孫の間で生じていたであろう共感について、「私が他人の表情の中で生き、また他人が私の表情の中でいるような」[14]ものとして語っています。現象学を提唱した哲学者フッサールは[15]、事実がそこにいるもの同士の間主観性の中で生じることを前提としていますが、海岸の場面は、まさに祖母と孫との間主観性によって成り立っています。それはまるで「空気」としか説明できないようなものであり、細分的な分析を阻みます。近年、間主観性を前提とし、当事者の視点で事実を記述していこうという動きが、心理学の領域でもみられるようになってきました。ほんの小さなやりとりの中でも生じるわらべうたの「場」について、現象をありのままに記述してい

くことは、無形の文化を伝えていく上では必要なことだと思います。わらべうたに関する心理学的研究は、緒についたばかりです。本書が今後の研究に引き継いでいかれることを希望します。

## ❺ わらべうたによって生み出される「場」とは何か：再考

　先ほど、マクニールの考えを引用しながら、リズムの共有がある種の集団の一体感をもたらすことを示しましたが、一方でそのことの危うさを指摘したのもマクニールです。つまり、リズムを通した一体感の高まりと個々の境界線の消失は、同時に個性の消失をもたらしますし、場合によっては、集団への帰属性を操作的に高めることも可能となるのです。

　しかし３人が語ったわらべうたの「場」の中に、マクニールが語っていないある要素がありました。それは、「一人の人間としての相互の尊重」です。

　鼎談の中で、３人はわらべうたを通して、そこにいる人との間の「呼吸が合う」かのような一体感を感じながらも、「一人ひとりが見えてくる」と繰り返し語っています。つまり、人と人とのつながりの中にありながらも、一人ひとりの「個性」がより際立つというのです。これこそがわらべうたの「場」のもち味といえます。

　では、このことを踏まえ、改めてリズムの共有についても考えてみたいと思います。【理論編・生涯発達心理学】において、人生のごく初期における愛着の形成には、相手の思いを感じとる敏感性や、相手の思いに応じていく応答性が中核にあること、そして、わらべうたはその両者を含むやりとりをうまく生じさせることが述べられています。ここでのリズムの共有は、あるテンポに一次元的に合わせるという単純なものではなく、互いのリズムに心も身体も感応し合うといった「響き合い」という意味合いのほうが、よりふさわしいでしょう。

　そうした響きあいを通して、子どもは自分が相手にありのままに受

け入れられているという実感をもつことができ（専門用語では自己肯定感）、自分のタイミングで自己を発揮していくことができます（専門用語では自己効力感）。これらは、自尊感情の2本の柱であり、「あなたが、あなたらしく育つ」ことを支えます。そして、本書のあちらこちらにちりばめられたわらべうたの「場」で、子どもだけではなく、親や「おばあさん」的存在の大人たちの育ちがみられるのは、わらべうたを通した小さな響き合いが、そこにいるすべての人たちの自尊感情を支えていることにほかなりません。本書のタイトル通り、「わらべうたで、子どもも大人もぐんぐん育つ」のです。

　ただし、わらべうたであっても、画一的に歌うことそのことを目的としたり、決まりきった遊び方だけを子どもに押しつけては、本来のわらべうたとは似て非なるものになってしまいます。「そこに互いを思いやる気持ちがあるか」「温かなまなざしを向けているか」など、時に問い直しながら、わらべうたの「場」を、再び日本全国に広げていってほしいと思います。

3人が実体験をもとにわらべうたが生み出す「場」の魅力について語ってくれました。

わらべうたが生み出す「場」とは不思議なもので、そこに相手がいれば、集団であっても１対１であっても、遊びの場面であっても日常の会話の中でも、自然に立ち上がってくるもののようです。

「場」の空気を作り出すのは、そこにいる人たちの温かなまなざしとリズムの共有、そしてあるがままを受け入れる心の構えといったところでしょうか。その「場」にいれば、小さな子どもは自然に身体を開き、大きな子どもはその子のペースで自己発揮ができるようになります。

そして、親もわらべうたの生み出す「場」に身をおくことで、子どもの成長を感じることができ、ふっと緊張がほどけたり、子どもに向けるまなざしそのものも育てていけるなど、大人の成長もめざましいのだとか。

これらの主観は、心理学の研究とも符号することは多く、「まなざし」は相手に伝わっていること、リズムの共有は人間の基本的な欲求であり、集団としての一体感を高めること、集団の中での個を尊重した響き合いが、自己肯定感を高める要素となり得ることなど、関連の文献をもとに考察されました。そして、「場」で交わされる共感性は、間主観性といったある種の哲学にも通じるとのこと。

わらべうたが生み出す「場」を意識してみると、わらべうたの新たな魅力が見えてきます。

実用編

# 家庭・保育・地域の中のわらべうた

# わらべうたを生かす様々な工夫

　家庭・保育・地域の中で、これから子どもたちとともに遊んでもらいたい様々なわらべうたを紹介していきます。

　読者のみなさんの中には、わらべうたからしばらく離れていた方や、新しい遊びとして関心をもってくださった方、仲間を集めてわらべうたの会を立ち上げようとされる方など様々だと思います。

　多様な背景をもつ読者のみなさんを想定し、第5章では、まず、かつて遊んだことがあるのでは、と思われるわらべうたを入り口に、暮らし・遊び・そして四季折々のわらべうたを紹介していきます。そして、わらべうたの会を考える上で参考になる資料も作成しましたので活用してください。適宜イラストを加えながら、楽譜や遊び方、また、心に留めたいことなどわらべうたごとに紹介しています。すでに紹介しているわらべうたについては、楽譜が掲載されているページを付していますので参考にしてください。

　なお、わらべうたというと赤ちゃん向けと思われる方も多いのですが、大きい子にこそ遊んでほしいわらべうたも多くあります。そこで、学童保育などでもしっかり遊んでほしいわらべうたも加えています。

　最後に本の紹介をします。わらべうたで遊んでいると、小さい子どもたちは人の声や言葉そのものに関心を向けるようになります。大きい子どもたちは、わらべうたのお話の世界に触れるうちに、絵本や昔話、そして、物語の世界にも入っていきやすくなります。わらべうたでしっかり遊びつつ、お話の世界と行き来できたら、子どもはなんて幸せでしょう。そこで、子どもたちに読んであげてほしい絵本や物語も紹介します。読書案内も加えていますので、さらなる学びを広げてください。

# 第5章の構成

**❶ 子どもと大人のわらべうた**

まずは、子ども時代にわらべうたで遊んだ体験を思い出しても
らえるよう、耳慣れたわらべうたを紹介していきます。

次に、暮らしの中のわらべうたと子どもの遊び心を満たすわら
べうたを紹介します。乳幼児と大人との触れあい遊びから異年
齢の子どもたちや大きい子どもたちだけでとことん遊べるもの
まで、様々な場面で活躍してくれるわらべうたです。

**❷ わらべうたの集い（乳幼児親子向け）一案**

春・夏・秋・冬の 30 ～ 40 分程度のわらべうたの会の案を遊
び方も含めて紹介します。ここでは、わらべうたの場を作り出
していく上で大切なこと、また、どのようなことを心がけてわ
らべうたを選んでいけばいいかといったアドバイスも添えてい
ます。

**❸ 四季のわらべうた**

四季のわらべうたを紹介します。

**❹ わらべうたと一緒に届けたい絵本・物語と読書案内**

わらべうたと一緒に子どもと楽しみたい絵本や物語などのブッ
クリスト、さらに学びを深めたい方に向けたわらべうたに関す
る読書案内をしています。

# 子どもと大人のわらべうた

　いつか遊んだわらべうたを口ずさみながら、子どものころの気持ち
を思い出してみましょう

## ❶ 子どもだったころに遊んだわらべうた

### ゆうやけこやけ　くつとばし

　飛ばした靴が表なら「晴れ」、裏返しなら「雨」、横になったら「曇り」
という占いの要素も楽しさの1つかもしれません。片足でケンケンし
ながら遠くに飛ばした靴を取りに行ったのも楽しい思い出です。夕焼
けを見ながらまた大きな声で歌ってみたいものですね。

### おてらのおしょうさん　じゃんけん

　対面に座った相手と一緒に手合わせをしながら、種から芽が出て、

158

膨らんで花開くまでのしぐさ遊びも楽しいじゃんけんうたです。繰り返しじゃんけんで遊んだものでした。

### なべなべそこぬけ 体遊び

どうやって遊んだかなと思い出そうと大人同士でしてみても、ひっくり返るところで混乱することも。そんなときは、「つないだ手のトンネルからこんにちは」と向こうをのぞき、2人一緒にくぐっていけば成功します。帰りはそのトンネルをおしりから一緒にくぐり出ていきます。2人で息を合わせてうまくできたときの喜びは格別です。2人ができたら少しずつ人数を増やしても遊べます。

### ひらいた　ひらいた 輪になって

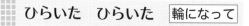

手と手をとり輪になって歩きながら、「つぼんだ」に合わせて輪の中央に歩みだし、「ひらいた」で元に戻っていけば、まるでれんげ（ハス）の大輪の花が閉じたり開いたりするかのようです。子ども時代、その輪の中にいながら、花が揺れるその感覚を身体いっぱいに感じていたことが思い出されます。

## ❷ 暮らしの中のわらべうた

　ここからは暮らしの中のわらべうたを紹介します。「この世に生まれてきてくれてありがとう」を伝えるわらべうたから、大人の心も軽くしてくれるわらべうたまで、様々な暮らしのシーンにわらべうたが寄り添います。

### ■受け継がれる命

ココハトウチャンニンドコロ　顔あそび　イラスト➡184ページ

コ コハトウチャンニンドコロ　　コ コハカアチャンニンドコロ　　コ コハジイチャンニンドコロ

コ コハババアチャンニンドコロ　　コ コハネエチャンニンドコロ　　ダイドー、ダイドー、コチョコチョコチョ

　子どもが生まれると、「誰に似ているか」という話題が必ず出ます。優しく顔を触ること、触ってもらうことで、大人も子どもも「命の尊さ」を体と心で理解していくのだと思います。ほほ→おでこ→あご→鼻と順番につつきます。「大道（人の行うべき正しい道）」を外れませんようにと願う気持ちは、いつの時代にも親に共通する思いでしょう。

■健康的な暮らし

抱っこして，「ぶっぶっぶ」と優しくお尻を叩いてみましょう。「元気に育っていて嬉しいよ」という気持ちがさりげなく伝わります。子どもにとっては自分の身体から出てくる「おなら」に愛着もわくようです。

■心地よい触れあい

大人が足を伸ばして座り，その上に子どもを座らせて上下に揺らします。まだお座りができない場合は，抱っこでも仰向けに乗せてもかまいません。揺れる心地よさを感じてほしいわらべうたです。「あったまってあがれ♪」と，寒い時期に湯舟の中で遊ぶのもおすすめです。

## ▦ イチリ　ニリ　サンリ　 くすぐり

イチリ（つま先）　　ニリ（足首）　　サンリ（ひざ）　　シリシリシリ…（おしり）

　赤ちゃんのころは、オムツを替えてきれいになったたびにやってあげるというのもおすすめです。触れてもらう心地よさを、存分に味わわせてあげましょう。もちろん大きい子にも十分活用できます。足だけでなく、手でもできます。手の指先、手首、ひじ、わきの下をくすぐります。42〜43ページの事例にあるように、背中から下りてもらっても嬉しいですね。

## ▦ いっぽんばしこちょこちょ　 くすぐり 　楽譜➡81ページ

いっぽんばし　　こちょこちょ　　にほんばし　　こちょこちょ

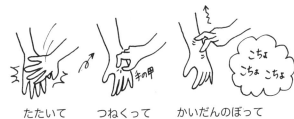

たたいて　　　つねくって　　　かいだんのぼって

手のひらを「叩く」とき、手の甲を「つねくる」ときに、躊躇（ちゅうちょ）して

162

しまうという声も聞きます。しかし、遠慮しては楽しさも激減。この
わらべうたは、思いっきり叩いたりつねったりするのが遊びの醍醐味
です。理屈ではなく、日々の遊びの中で痛みや加減を知らせていきた
いですね。

### キリスチョン　おんぶ

キ リ ス　チョン　　コドモニ　トラレテ　アホラシ　チョン

　便利な抱っこひもが主流になっていますが、た
まにはおんぶもいかがですか？　大人は子どもを
おんぶしながら、拍ごとに跳ねます。子どものほ
うは、大人の背中から伝わる声を受け止めながら、
身体全体で拍を感じ、「チョン」と跳ねるところで
は大喜び。抱っことはまた違った嬉しさがあります。

### ■子育ての知恵

### アイニサラサラ　おまじない

アイニ　サラサラ　コガネニ　サラサラ
イダイ　トコロハ　ピンポン　パチント
ムカイノ　オヤマサ　トンデケッ　フッ！

　「いたいの　いたいの　とんでけー」くらいではなかなか飛んでい
かない痛みも、少し長めのおまじないでゆっくり「手当て」をしても
らったら大丈夫。

## ▦ オヤユビネムレ 指遊び

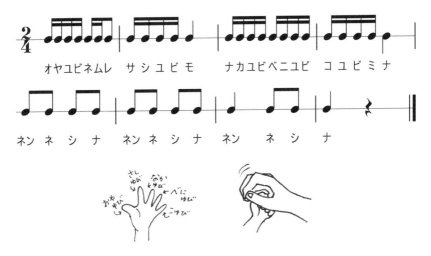

オヤユビネムレ　サ　シ　ユ　ビ　モ　　ナカユビベニユビ　コ　ユ　ビ　ミ　ナ

ネン　ネ　シ　ナ　　ネン　ネ　シ　ナ　　ネン　　ネ　シ　ナ

　子どもの手を取り、指を順番にそっと折り曲げて寝かしていきます。もう1回、小指から順に優しく広げ、最後はしっかりと包み込んであげましょう。

　寝かせうたですが、「紅指」などといった美しい日本語に出会えるわらべうたでもあります。

### ■大人の心も安定

## ▦ ボウズ　ボウズ 頭

ボウズ　ボウ　ズ　　カ　ワイトキャ　カ　ワイケド　ニ　クイトキャ　ペション

　子どもの頭をなでたあと、「ぺしょん」と軽く叩くという動きに、戸
惑う方もおられるかもしれません。ですが、忙しさのあまり、子ども
が可愛いと思えるときばかりではなくなるもの。昔の人だって、こう
してうたや遊びにして、心を軽くしてきたのかもしれませんね。でも、
このわらべうたで子どもと笑顔を交わすうちに、やっぱり子どもの可
愛さが感じられ、思わず抱きしめたくなってしまうのです。

## ■ ねんねんねやまのこめやまち 　子守唄 　楽譜 ➡ 28 ページ

> ねんねんこやまのこめやまち　こめやのよこちょをとおるとき
> ちゅーちゅーねずみがないていた　なんのようかときいたらば
> だいこくさまのおつかいに　ねんねしたこのおつかいに
> ぼうやもはやくねんねしな　だいこくさまへまいります

　ストーリー仕立てになっているので、初心者も覚えやすい子守唄で
す。ご機嫌ななめの赤ちゃんも、このわらべうたで泣きやむというこ
ともよくあります。子守唄は数多くありますが、大人の穏やかな心地
よい声で歌えば、どんなわらべうたも子守唄になります。なかなか寝
なくてイライラするときは、お気に入りのわらべうたを口ずさめば大
人が落ち着いてきて、気がついたら子どもは寝ているということも。

### ❸ 遊び心を満たすわらべうた

　わらべうたの魅力は、遊びへの様々な入り口が開かれていることです。ふと目と目が合っただけで遊びが始まったり、心も身体も動かしながら、汗いっぱいかきながら遊べるわらべうたもあります。

■ **目と目があえば、遊びが始まる**

▦ だるまさん　だるまさん　[にらめっこ]　楽譜➡60ページ

> だるまさん　だるまさん
> にらめっこしましょ　わらうとまけよ
> あっぷっぷっ

　相手から目をそらさずに、じっとにらむ「にらめっこ」は、今の時代だからこそ大切にしたい遊びの1つです。

▦ イモニメガデテ　[じゃんけん]

イモニ　　メガデテ　　ハガデテ　　ホイ!

　じゃんけんの基本がつまっています。まだじゃんけんができない子はまねっこ遊びとしても楽しめます。集団で勝ち抜き戦をしたり、負けたほうが勝ちとしたり、目の前の子どもに合わせて、何人でも何歳でもいつでもどこでもできます。わらべうた初心者もすぐに覚えて遊びやすいです。

## ■鬼決めも楽しい遊び

### ドノコガヨイコ 鬼決め

> ドノコガヨイコ　コノコガヨイコ

　遊びの際の鬼決めだけでなく、様々な場面で活用できます。大学で学生に意見を求める際に「では、よい子に聞いてみましょう」と、このわらべうたで決めると、最初はびっくりしていた学生もあたると照れくさそうに答えてくれます。いくつになっても「よいこ」と言われるのは嬉しいものです。37 ページの♪イッチクタッチクも鬼決めとしてよく使われます。

## ■大好きな人に遊んでもらえるのが嬉しい

### こりゃどこのじぞうさん 人持ち

こりゃ ど こ の じ ぞう さん　う み の は た の

じ ぞう さん　　う み に つ けて どぼーん

　抱っこしたり、向こう向きに立っている子どもの両脇を支えてもち上げたりして、左右に揺らしながら歌います。「どぼーん」で下に下ろします。信頼できる大人に遊んでもらうからこそ、小さな落下が楽しい遊びになるのですよね。

167

## うまはとしとし ひざ乗せ

うまは とし とし ないて もつ よ いうまは

つ よいか ら の りてさん もつ よ い

　ひざに子どもを乗せて揺らします。最後に「ぱかぱか」と、ひとき
わ大きく揺らしてもいいです。その後に両足を開いてストンと落とす
のも喜びます。

　おんぶでも楽しめます。リズムを取りながら歩き、最後に立ち止まっ
て「ぱかぱか」と上下に大きく揺らします。

## アシアシアヒル 足乗せ

アシアシアヒル　カカトヲネラエ

　大人と子どもが両手をつないで向かい合わせに立
ち、大人の足の甲に子どもが乗り、うたに合わせて
歩きます。まだよちよち歩きの子から小学生まで、
大人と息を合わせて歩くのが楽しい遊びです。

■みなで遊ぶ楽しさ・勝っても負けても面白い

ちんちろりん 音あて 人あて

　手をつないで輪になり、鬼は真ん中で目を
閉じて座ります。歌いながら鬼の周りを回り、
最後の「ちんちろりん　ちんちろりん」は鬼
の後ろに来た人が歌います。いつも一緒に過
ごしている仲間ならば、「ちんちろりん」と声
を発すれば鬼も誰の声かすぐにわかります。
わらべうたで遊んでいると、自然と人の声に
耳をかたむけるようになり、いいクラス作り
につながったという例もあります。

　初対面の人同士で遊ぶときは、音あて遊びが
ぴったりです。鬼に気づかれないように鈴を周
りの人が次から次へと手渡していき、目をつ

ぶっている鬼は音を頼りに、最後にもっている人をあてます。コツは、
鬼が目を開けたときにみなが鈴をもっているフリをすることです。

## あめこんこん   音あて 人あて

あめ こんこん ふ るなよ や まのと りが な くぞよ

　知っている仲間と遊ぶ場合は、輪になり手をつないで、鬼の周りを
回ります。「なくぞよ」で歌い終わったときに、鬼の後ろになった人
が鳥の鳴きまねをし、鬼がその声が誰かをあてます。初対面の人同士
で遊ぶときは、ちょうど梅雨の時期にぴったりのわらべうたですから、
てるてる坊主を周りの人が次から次へと手渡していき、うたが終わっ
たところでもっていた人が鳥の鳴きまねをして、それが何の鳥かをみ
なであてるという遊び方もあります。

### ■ぶつかり合う

## チビスケドッコイ   押し合い

チ ビ ス ケ ドッ　 コイ　 ハ ダ カ デ　 コイ

フ ン ド シ　 カ ツ イ デ　 ハ ダ カ デ　 コイ

　お相撲さんのように相手と向き合い、「チビスケ」で足を上げ、「ドッ
コイ」で足を下げます。うたに合わせて左右交互、計４回四股を踏み、
最後は、「はっけよーい、のこった」で、思いっきりぶつかりましょう。
身体でぶつかり合うおもしろさを大人も子どもも存分に味わうことが

170

できます。力比べをするもよし、大きい子が小さい子相手に胸を貸す
のもよし。大人が相手になるときも、ぜひ本気で！

### いちわのからす　なわとび　門くぐり

うたに合わせて「カラス」「ニワトリ」など
のしぐさをし、「ほら」で２人で腕を組んでリ
ズミカルに回ります。次の「ほら」で腕を組
みかえて反対回り。みなで輪になって遊んで
も楽しいですし、２人だけでも楽しめます。

　長縄は、「いちわ」「にわ」など数字のところで順番に入ります。4
人入ったら、また歌詞に合わせて「いちぬけろ」で一人ずつ出ていき
ます。その際、ニワトリやカラスなどのしぐさをしながら跳んでも楽

しいです。長縄がな
くても、「なわとびを
回しているふり」を
する通称「エアーな
わとび」もおすすめ
です。

## おちゃをのみにきてください 役交代 なわとび

おちゃをの みに きてく ださい はい
こん にち は いろいろ おせわに
なりました はい さようなら

みなで輪になり、イラストのように鬼が交代して遊びます。

　長縄のときは先に一人が入り、「おちゃをのみに
きてください」と誘い、向かい側から次の人が「は
い」で入ってきます。「こんにちは」でおじぎをし
て、「さようなら」で先に入っていた人が進行方向
に出ていきます。その後も順々に入っては抜けていきます。ほかにも
ままごとのお茶道具を使って、役交代の遊びをしても楽しいですね。

## ❹ 子どもだけでとことん遊べるわらべうた

　本来わらべうたは子どものものです。仲間同士で遊びほうける経験
を、小学生の時代にもたっぷりさせてあげたいものです。

### ■しぐさ遊びも本格的

やなぎのしたには　じゃんけん

やなぎの した には おばけが うー うー

おばけの あと から おけやさんが おけ、おけ、

おけやさんの あと から おまわりさんが えっ へん ぷー、

おまわりさんの あと から いたずらぼうずが じゃんけんぽん

おばけが うーうー　　おけやさんが おけおけ　　おまわりさんが えっへん ぷー

手合わせ遊びとしても、またじゃんけんに勝った人に負けた人がつながっていくじゃんけん列車遊びとしても楽しめます。「おばけ」「桶屋さん」「おまわりさん」それぞれの仕草を、相手と顔を見合わせてするだけで、子どもたちから笑みがこぼれます。


## ■なつかしのまりつきで高度な技に挑戦

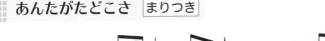

あんたがたどこさ　まりつき

　うたに合わせてまりつきをして遊びます。もちろん、ボールで代用できます。「さ」のところで、まりを片足でまたぐようにくぐらせ、続けます。最後、「おっかぶせ」で、まりを内またからくぐらせ、地

面で一度跳ねさせた
あとに腰のあたりで
受け止めるのはなか
なか難しい芸当です
が、小学生くらいに

なると軽やかになしとげますし、いろんな技を編み出していきます。

　まりつきだけでなく、「さ」抜きで歌ってみてもおもしろいですね。

## ■つながって遊ぶ

### いもむし　ごろごろ　[つながり遊び]　楽譜➡61ページ

> いもむし　ごろごろ　ひょうたん　ぽっくりこ

　しゃがんで前の人とつながり、長い
列のまま息を合わせて前進します。小
学生以上になると、先頭がしっぽを捕
まえるという遊び方も盛り上がります。

## ■跳んで跳ねて

### なかなかほい　[ゴムとび][まりつき]

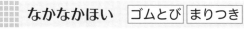

もともとはまりつきのうたで
すが、ここではゴムとびを紹介
します。

　「なか」「なか」「ほい」では、
２本のゴムの真ん中で足を閉じて
３回とび、「そと」「そと」「ほい」
では、足を開いて３回とびます。
ゴムをもつ２人は、歌詞と逆にゴ
ムを動かすので、実はこちらの方が大変。最初はもつのは大人や大きい
子がいいでしょう。複数名で一緒に飛ぶのも楽しいです。ゴムは市販の
平ゴムでもかまいませんが、輪ゴムをつなげて作ると愛着がわきます。

なかなかほい

そとそとほい

■ 集団遊びがおもしろい！

### どんどんばしわたれ　門くぐり　楽譜➡38ページ

> どんどんばしわたれ　さあわたれ
> こんこがでるぞ　さあわたれ

　拍ごとに「どんどん」と橋の上を力強く
踏み歩いていきます。親子や仲間と一緒に
口ずさむと、足取り軽く、元気にどこまで
も歩いていけそうです。

### かわのきしのみずぐるま　2人連れ

かわのきしの　みずぐるま　ぐるっと

まわって　　いそいで　ふたりづれ

のこりは　おにょ　　いちに　さん

　みなで輪になり手をつなぎます。鬼は輪の中心で水車の軸になります。4小節ずつ右と左にそれぞれ歌いながら歩きます。最後の「いちに　さん」の手拍子を合図に2人組になります。「隣の人とは組になれないこと」「鬼は必ず誰かと組になれること」を守ります。何人組になるかを鬼が決めて、そこだけ鬼が歌うという遊び方もできます。

### ■■■ こんこんさん 　役交代 鬼ごっこ 　楽譜➡ 36 ページ

> 子：こんこんさん　あそびましょ×2　鬼：いま　ねてます
>
> 子：こんこんさん　あそびましょ×2　鬼：いま　かお　あろてます
>
> 子：こんこんさん　あそびましょ×2　鬼：いま　ごはん　たべてます
>
> 子：なんのおかずで？　鬼：へびのいきたん！

　最後は鬼がみなを追いかけていきます。「京言葉」をまねしながら、いかに気味の悪い食べ物を言うか、工夫できる幅があることや、言葉のかけ合いも楽しいわらべうたです。

## ■■ カラスカズノコ 人減り

カ ラ ス　カ ズ ノ コ　ニ シン　ノ　コ

オ シ リ ヲ　ネ ラッ　テ　カッ　パ ノ　コ

　カッパ役を一人決めます。ほかの人は内側を向いて輪になり、その周りをカッパ役が歩いて「オシリヲネラッテ」で、止まったところの人のお尻を「カッパノコ」の言葉に合わせて3回叩きます。お尻を叩かれた人はカッパ役の前に並び、次のカッパ役として歩き始めます。最後に残った人のお尻をみなで叩きます。カッパ役が次々とテンポよくかわり、元の輪から人がどんどん減っていくところがおもしろいようです。カッパのお皿を子どもたちと思い思いに作っても楽しいですよ！

### ■悪口うた

　「おまえの母ちゃんでべそ」などの悪口うた、子どものころに歌った覚えはありませんか？　悪口といっても「わらべうた」という形式の中で、子どもながらに、遊びであるという暗黙の了解があります。

大声で言い合っても、後味はさっぱり。イライラ、モヤモヤ、なんだか意地悪な気持ちなど、マイナスの感情をもつことは悪いわけではありません。それを受け入れてどう解消していくか、どうつき合っていくか、遊びの中で子どもたちは学んでいきます。わらべうたの中の悪口うたも今一度見直してみませんか？

## おおさむこさむ　かけ合い

2組に分かれて、はないちもんめのように隊列を組み、交互にかけ合いをします。ジャンケンで最初に言い出す組を決めます。その組が最後の「くそつけろ！」を言うことができます。「くそつけろ！」と言いながら丸めて投げるしぐさをするところが一番盛り上がります。

# わらべうたのつどい（乳幼児親子向け）一案

　わらべうたはいつでもどこでも、１つだけでも十分楽しめます。ただすでに実践の場をもっておられる方は、複数のわらべうたをどう組み合わせるか、迷うこともあると思います。ここでは、ふだん子どもたちと遊んでいるわらべうたのつどいの一例を、春夏秋冬ごとに紹介します。

## ❶ わらべうたのつどい――乳幼児向け（30~40分程度）

　ここでは子育て支援の場や図書館、家庭文庫などで実践しやすいように30 〜 40分程度を想定して提案しています。❹「具体例」の左側のページはそのまま配布資料としても活用できるものになっています。実践前には、ぜひ右側ページの解説を参考にしてください。

### 表1　流れの一例

---

①名前を呼ぶ遊び

②顔遊び：大人も子ども少しずつ場に慣れて

③ひざ乗せ遊び

④くすぐり遊び：遊ぶ楽しさを存分に味わって

⑤集団遊び

⑥指遊び：気持ちを落ち着けて

⑦さよならあんころもち

---

　主に乳幼児の親子向けに取り組んできた実践を踏まえ、ここでは**表１**のような流れを提案します。これはあくまで基本的な流れであり、遊びによっては、顔遊びとくすぐり、くすぐりと指遊びが１つのわらべうたの中に入っているということもあります。

　親子で遊ぶわらべうたのつどいでは、「行って帰ってくる」流れを大

切にしています。まずは身近な大人という安全基地でたっぷり遊んでから、少しずつ仲間の中に一歩踏み出し、そこで縦や横のつながりを楽しみ、最後は安心できるひざに戻って遊び、「さよならあんころもち」で満足感とともに、終わります。そして、できるだけ季節のものも入れるようにしています。その場だけでなく、ここで遊んだわらべうたがきっかけとなり、日常生活の中で親子で一緒に自然を感じて、その中に自分たちも生きているということを実感してほしいからです。

さよなら　あんころもち　また　き　な　こ

　手でいろいろな大きさのあんころもちを作ってみましょう。

〈参加者の感想〉子どもも大人もともに育つ喜び
　「定期的に開催されるので、親以外の大人が我が子の育ちを見守ってくれている、という安心感がありました」
　「わらべうたの輪の中に入りながらも、２年間はじっと見ているだけだった我が子。ある日、偶然集団遊びの鬼役にあたりましたが、心配する私をよそに、年上の子と同じように遊んでいて本当に驚きました！　一人っ子なので、異年齢の子との交流が刺激になっていると思います」

## ❷「場」の雰囲気について

　わらべうたの「場」について、本書では、実践者から習う場ではなく、小さな社会の始まりとして「場」をとらえています。例えば、異年齢児同士の関わりです。お兄ちゃんお姉ちゃんがしている様子を、まだ輪の中央には行けない子が見ていて、あこがれたりそのうちまねをしてみたりすることがあります。そして、自分の親とだけでなく、隣のおばちゃんやおじちゃんに相手してもらって遊ぶというのも、社会のあり方としてとても自然です。

　また、同じようにすることが目的ではありません。輪に入れず部屋のすみっこにいる子も、実は聞いていて、遊びたくなったら戻ってくることがあります。その子のタイミングで戻ってきたときに、あたりまえのように「おかえり」と受け入れてくれる、そんな「場」の雰囲気の中で遊ぶことは、子どもはもちろん大人にとっても「幸せな場」となるでしょう。

　自分を丸ごと愛して受け入れてくれる大人がいて、その大人と一緒に遊ぶうちに遊び仲間も増えてきて、子どもたちが仲間の中に出て行って、その遊びの中でいろいろなことを身につけていく…。ほんの30〜40分程度でも、ともに繰り返し遊ぶことで、わらべうたのつどいの場は、「育ち合う小さな社会」となっていきます。

## ❸ 幸せな場にするために

### ■実践者自身が楽しみましょう

　「きちんとしなくては」と思えば思うほど、楽しさが伝わりにくくなってしまうことも…。事前に練習する際には、一緒にその場を作る仲間と子どもになったつもりで遊び込んでおくことをおすすめします。

## ■繰り返し楽しみましょう

定期的に実践の場がある場合は、前回したものを再度とりあげるのも有効です。繰り返すうちに、そのわらべうたのよさに気がついたり、すっかり覚えて家に帰ってから親子で遊ぶことができたりします。

## ■楽譜など配布資料は、遊んだ後に配りましょう

資料を先に配ってしまうと、お互いの顔よりも紙面にばかり気を取られてしまいがちです。

## ■仲間とともに

一人ではなかなか参加者の様子は把握しきれないものです。できれば仲間とともに開催しましょう。複数のきょうだいを連れて参加されている方のフォローにもまわることができ、参加者にとっても、心強い味方となります。実践後に子どもたちの様子を語り合うのもいいですね。

④ 具体例

♪ ととけっこう

ととけっこう　よがあけた　まめでっぽう　おきてきな

♪ ココハトウチャンニンドコロ

| 譜 | 動作 | 回数 |
|---|---|---|
| ココハトウチャンニンドコロ, | 子どもの右ほほをつつく. | 4回 |
| ココハカアチャンニンドコロ, | 左ほほをつつく. | 4回 |
| ココハジイチャンニンドコロ, | 額をつつく. | 4回 |
| ココハバアチャンニンドコロ, | あごをさわる. | 4回 |
| ココハネエチャンニンドコロ, | 鼻の頭をつつく. | 4回 |
| | 顔のまわりをめぐる. | 2回 |
| ダイドー, ダイドー, | 子どもの片手をあげ, | |
| コチョ　コチョ　コチョ, | わきの下をくすぐる. | |

♪ イチリ ニリ サンリ

| イチリ | 両足の親指をつかむ (手の指先) |
| ニリ | 足首をつかむ　　　　(手首) |
| サンリ | ひざをつかむ　　　　(ひじ) |
| シリシリシリ | 両側でおしりをくすぐる (脇の下) |

♪ たんぽぽ たんぽぽ

たんぽぽたんぽぽ こう やまへ とんでけ

♪ かごかごじゅうろくもん

かご かご じゅうろくもん　えどから きょうまで さんもんめ

ふかい かわへ　はめよか？ あさい かわへ　はめよか？

やっぱり ふかいかわへ　どぶーん
（あさいかわへ　じゃぼじゃぼ）

♪ もぐらどんの

もぐら どんの おやどかね　つち ごろり まいったほい！

♪ ふくすけさん

ふくすけ さん　えんどう まめが こげる

よ　　はやく いって かんまし な

♪ さよなら あんころもち

さよなら あんころもち またきな こ！

184

### ととけっこう 　呼びかけ 　→28ページ

　軍手人形を活用して、一人ひとりの子どもと触れあってみてください。「まめで ぽう」のところにそれぞれの名前を入れて「○○ちゃん、おきてきな」と一緒に歌ってみましょう。子どもだけでなく、親にとっても我が子の名前をほかの人が呼んでくれるのはうれしいものです。思わず恥ずかしくて顔を隠してしまう子にも、その温かい声は届いています。

### ココハトウチャンニンドコロ 　顔遊び 　→160ページ

### かごかごじゅうろくもん 　ひざ乗せ 　→44ページ

　抱っこやひざに乗せてゆらします。最後は抱っこなら下に落とすふりを、ひざなら足を開いて下に落とします。慣れてきたら、子どもに「浅い川がいい？　深い川がいい？」と選ばせて、浅い川なら緩やかに、深い川なら豪快に落とすのも楽しいです。

### たんぽぽ　たんぽぽ 　しぐさ

　やはり本物のたんぽぽの綿毛を飛ばしたいですが、綿毛にみたてた綿や薄い布を吹き飛ばしても楽しいです。幼いうちはうまく吹くことができませんが、遊びの中でやりたくて繰り返しているうちに、できるようになります。

### イチリ　ニリ　サンリ 　くすぐり 　→162ページ

### もぐらどんの 　役交代

　寝ているもぐらをみなで起こすという単純なやりとりですが、なかなか起きないもぐらにどんな言葉をかけるか、またもぐら役になったらいつ起きようか…と「かけひき」も楽しめます。

### ふくすけさん 　くすぐり

　子どもの足をもち、おまめさんのような指を一本ずつ軽くつまんでいきます。最後に足の裏を輪を描くようにくすぐってあげましょう。手の指でもいいですよ。

### さよならあんころもち 　しぐさ 　→90ページ

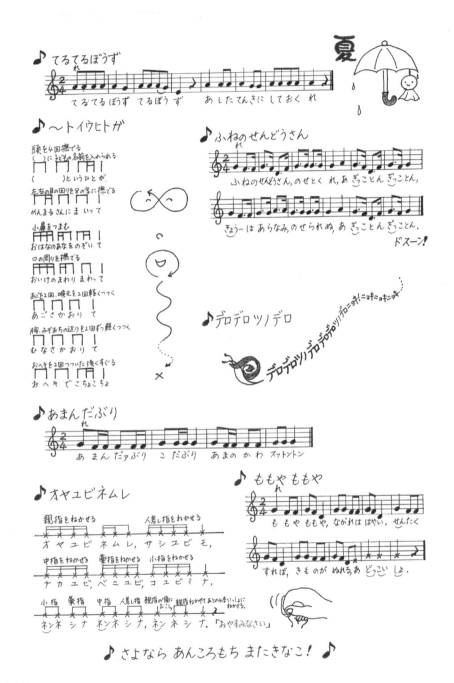

♪ てるてるぼうず
てるてるぼうず てるてるぼうず あした てんきに して おくれ

夏

♪～トイウヒトガ
頭を4回撫でる
（　）にこどもの名前を入れられる
（　　　　）という ひとが
左右の目の周りを8の字に撫でる
めんまる さんに まいって
小鼻をつまむ
おはなの あなを のぞいて
口の周りを撫でる
おいけの まわり まわって
あごを2回、喉元を2回軽くつつく
あごさか おりて
胸、みぞおちの辺りを2回ずつ軽くつつく
むなさか おりて
おへそを2回つつった後すぐる
おへそで こちょこちょ

♪ ふねの せんどうさん
ふねの せんどうさん、のせとくれ、あ ぎっことん ぎっことん、
きょうーは あらなみ、のせられぬ、あ ぎっことん ぎっことん.
ドスーン!

♪ デロデロツノデロ
デロデロツノデロ デロデロツノデロ デロニ オトコニ ヨヒョコキン すー

♪ あまんだぶり
あ まん だァぶり こ だぶり あまの かわ ズットントン

♪ オヤユビネムレ
親指をねかせる　　　　人差し指をねかせる
オヤユビ ネムレ、サシユビ モ、
中指をねかせる　薬指をねかせる　小指をねかせる
ナカユビ、ベニユビ、コ ユビ ミ ナ、
小指　薬指　中指　人差し指　親指の順に　親指ねかせてあとの4本いっしょに
おこし　　　　　　　　　　　　ねかせる。
ネンネ シナ ネンネ シナ, ネン ネ シナ.「おやすみなさい」

♪ ももや ももや
も もや ももや、ながれは はやい、せんたく
すれば、きもの が ぬれる、あ どっこい しょ.

♪ さよなら あんころもち また きなこ! ♪

186

## てるてるぼうず  呼びかけ 役交代

　一人ひとりの名前を呼ぶのに適した遊びです。「てるてるぼうず」のところに名前を入れて、「(花子なら) はなはなぼうず」とみなで名前を呼んで歌ってあげてください。役交代を楽しむ場合は、ティッシュやガーゼ、布などで作ったてるてるぼうずをもち、歌いながら輪の中を歩き、うたが終わったところで次の人にてるてるぼうずを渡します。

## 〇〇サントイウヒトガ  顔遊び

　子どもの名前を入れて「(花子なら) はなちゃんというひとが…」と唱えます。きょうだいが複数いる場合は、ぜひすべての子が親と２人っきりの時間が作れるように、何度も繰り返してください。

## ふねのせんどうさん  ひざ乗せ  ➡ 119ページ

## デロデロ　ツノデロ  くすぐり

　子どもの腕を枝に見立てて、大人がグーの手でカタツムリになって上っていきます。「ニョキ」で、ゆっくりツノ(人差し指と中指)を出して、肩まで上ったらわきの下をくすぐりましょう。わきの下…とみせかけてあごの下をくすぐるというのも喜びます。

## あまんだぶり  飛びこえ

　天の川に見立てた大きい布を床に細長く広げ、「スットントン」で大人に手をつないでもらって飛び越して遊びます。

## ももやももや  しぐさ

　一人ずつ布をもち、揺らしたり洗濯のまねごとをしたりします。「あーどっこいしょ」で、少し上体をそらせて両手で後ろから腰を支えるしぐさをします。

## オヤユビネムレ  指遊び  ➡ 164ページ

## さよならあんころもち  しぐさ  ➡ 90ページ

### このこ　どこのこ　呼びかけ → 30 ページ

### アックリスックリ　顔遊び

「毛虫」「初茸」という言葉もおもしろいわらべうたです。口→鼻→目→眉毛と触ったら、眉毛から頭に指でかけのぼり耳まで一直線。かわいい耳（初茸）を発見したら、「ハヅダケー」とつまんで収穫します（耳のツボを刺激するくらいつまんで、引っ張りましょう）。片方の耳をしたら、次はもう片方です。

### さるのこしかけ　ひざ乗せ

子どもをひざの上に乗せて揺らします。それを何回か繰り返したあと、「めたこけた」で両足を開いて落っこします。

### ジージーバー　手の甲 → 27 ページ

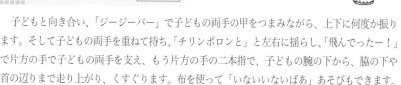

子どもと向き合い、「ジージーバー」で子どもの両手の甲をつまみながら、上下に何度か振ります。そして子どもの両手を重ねて持ち、「チリンポロンと」と左右に揺らし、「飛んでったー！」で片方の手で子どもの両手を支え、もう片方の手の二本指で、子どもの腕の下から、脇の下や首の辺りまで走り上がり、くすぐります。布を使って「いないいないばあ」あそびもできます。

### とんぼさんとんぼさん　小道具

ストローと厚紙で手軽に作れる「とんぼ」を飛ばしてみましょう。

### どんぐりころちゃん　しぐさ　じゃんけん

どんぐりになりきるしぐさ遊びをします。「はちくりしょ」で思いっきり跳びあがったり、じゃんけんをしたりします。ほかにもどんぐりを手のひらに隠し「はちくりしょ」で、どちらに入っているかあてっこ遊びもできます。

### おざしきはいて　手遊び

手のひらをお座敷に見立てて掃いた後、お布団を敷いて一本ずつ指を折りたたんでいきます。最後に「○○ちゃんが寝ました」と、子どもの名前を呼んであげると嬉しいですね。

### さよならあんころもち　しぐさ → 90 ページ

冬

♪ ととけっこう

ど

ととけっこう　よがあけた　まめでっぽう　おきてきな

♪ オデコサンヲマイテ

① オデコ サンヲ マイテ, ② メグロ サンヲ マイテ,
③ ハナノ ハシワ タッテ, ④ コイシヲ ヒロッテ,
⑤ オイケヲ マワッテ, ⑥ スッカリ キレーニ ナリマシタ.

①　②　③
④　⑤　⑥

♪ どんぶかっか

れ

どんぶかっか すっかか　あったまって あがれ　かわらの どじょうが

こがいを うんで　あずきか まめか　つづらのこ つづらのこ

♪ いっぴきちゅう

れ

いっぴき ちゅう　もとに かえって　に ひき ちゅう
に ひき ちゅう　もとに かえって　さんびき ちゅう
さんびき ちゅう　もとに かえって　いっぴき ちゅう

♪ ペッタラ ペッタン

2/4
ぺったら ぺったん　もちつけ もちつけ　もちつけ た　(ハイ)

1. かみだなへ　(　　　　　　　　　　　　　　　　　)
2. とだな へ　　となりの ねずみが　ひいてった
3. おとなり へ　となりの ひとに　おすそわけ

おねがい…

♪ かれっこやいて

れ

かれっこ やいて, とっくら きゃして やいて,

(しょうゆう) つけて, たべたら うまかろー.

♪ さよなら あんころもち またきなこ! ♪

190

### ■ ととけっこう 　呼びかけ 　→28ページ

### ■ オデコサンヲマイテ 　顔遊び

　赤ちゃんだけでなく、年長児も喜びます。普段顔をふくときにも、唱えてあげたいですね。

### ■ どんぶかっか 　ひざ乗せ 　→71ページ

### ■ いっぴきちゅう 　くすぐり

　指の先をねずみに見立てて、子どもの手の
ひらをつつきます。「もとにかえって」で手のひらを一回り。
最後は「チュウチュウ」鳴きながら手のひらをくすぐります。

### ■ ペッタラペッタン 　しぐさ 　お手玉

　赤ちゃんから楽しめるお手玉遊びです。幼いうちは、1番だけ繰り返してみましょう。頭の上に乗せたお手玉を落とす、そんな単純なことがこんなにも楽しいのかと、感心してしまいます。少し大きくなったら大人と向かい合って2番、3番をしたり、みなで輪になって1番から3番まで通してみてもいいですね。

### ■ かれっこやいて 　しぐさ

　かれっことは魚のカレイのこと。東北のほうでは最後に「っこ」をつけるそうです。カレイに見立てた両手の甲を上に向けて、上下に揺らします。「とっくらきゃして」で、手のひらを上にひっくり返し、しっかり「焼き」ましょう。「しょうゆつけて」では、片手でもう一方の手のひらにしょうゆを塗るしぐさをし、「食べたら」でカレイを食べるまねをします。「うまかろう」は、おいしくて落っこちそうになるほっぺたを支えましょう。ほかにも参加者にも投げかけて、いろいろ焼いてたくさん食べましょう！　「もち？」「肉？」「いも？」「何をつける？」など、子どもたちとのやりとりをたっぷり楽しめます。

### ■ さよならあんころもち 　しぐさ 　→90ページ

# 四季のわらべうた

では、四季折々のわらべうたをもう少し紹介していきましょう。

## ■ 春 ■

### たけのこ　めだした　[じゃんけん]

たけのこめ だした　は な さきゃ ひ らいた、

はさみで ちょん ぎるぞ、　えっ さ えっ さ　えっ さ、さ！

　２人一組で向かい合い、両手でたけのこが芽を出していく様子や、はさみで切る様子をしぐさで表し、最後は「えっさえっさ」でかけ声をかけ、じゃんけんをします。

### ずくぼんじょ　[しぐさ]　楽譜➡53ページ

ずくぼんじょ　ずくぼんじょ
ずっきんかぶって　でてこらさい

うたに合わせて、ずくぼんじょ（つくし）が出てくるようなしぐさをします。出てきたつくしは大人が「スポン」と抜いても楽しいですね。

## ■ 夏 ■■■■■■■■■■■■■■■■■■■■■■

### せんぞうやまんぞう 　聞かせうた 　ひざ乗せ

せんぞうや　まんぞう　おふねは　ぎっちらこ　ぎっちらぎっちら　こげば

みなとが　みえる　えびすか　だいこくか　こっちゃふくの　かみよ

このわらべうたを子守唄がわりにしているという事例もよく聞きます。船に乗って波に揺られる動きが心地いいのかもしれません。足を伸ばして向かい合って座り、両手をつないで前後に揺れたり、ひざに乗せて揺らしたりして遊びます。

## ほたるこい 聞かせうた 役交代

ほ　た　る　こい　　　　やまみち　こい

あん　どの　ひかりを　ちょいと　みて　こい

　ぜひ蛍を見ながら歌いたいものですが、色紙などで行灯（あんどん）を作り、交互にそれをもって歩いてもいいですね。

## いなかのおじさん 門くぐり

いなかの　おじ　さん　たんぼみち　とおって

かえるを　ふん　で　　げ　の　げ　の　げ

　ユーモラスな歌詞に、子どもたちは一度聞いたらすぐに覚えてしまいます。最初に門になる子を２人決めて、そのほかの子は２人組で手をつないで門をくぐっていきます。曲の最後に門をしめて、つかまったら交代。どんどん門を増やしていって、「最後に残るのはどのペア？」という遊び方もおもしろいです。

194

## ニューメン　ソーメン　くすぐり

ニューメン　ソーメン　ヒヤソーメン
カキガラ　チョウノ　ブタヤノ　ツネコサンガ　チンピ　チンピ　チンピ
　　　　　（町）　（豚屋）　　　　　　　（陳皮）
ダイコンオロシ　ダイコンオロシ　ダイコンオロシ
店ですか？　奥ですか？　　（店と言ったら）
　　　　　　　　　　　　いらっしゃいませと言いながら手の平をくすぐる
　　　　　　　　　　　　（奥と言ったら）
　　　　　　　　　　　　いらっしゃいませと言いながら脇の下をくすぐる

　細いそうめんに見立てた指先で、相手の腕の内側をなぞります。最後に「店ですか？」「奥ですか？」とたずね、「店」なら手のひらを、「奥」ならわきの下を「いらっしゃいませ〜」とくすぐります。

# 秋

## ハナチャン　顔遊び

ハ　ナチャン　リン　ゴ　ヲ　タ　ベ　タイ　ノ　ハ　ナ　チャン

　機嫌のいい赤ちゃんの顔をうたに合わせて、鼻（ハナチャン）、ほお（リンゴヲ）、口（タベタイ）、おでこ（ノ）、鼻（ハナチャン）と優しくつついてあげれば、最後はにっこり笑顔を返してくれるはずです。

## おでんでんぐるま 人乗せ 楽譜➡111ページ

> おでんでんぐるまに　かねはちのせて　いまにおちるか
> まっさかさんよ　もひとつおまけに　すととーんしょ

　小さいうちは大人に肩車やおんぶで。少し大きくなったら、大人が2人組になり井桁（いげた）をして、その上に子どもをお神輿（みこし）のように乗せてあげると、お祭り気分で子どもも跳ねだします。

## いものにたの 鬼決め お手玉 楽譜➡114ページ

> いもの　にたの　さんまの　しおやき　ごぼうの
> むしたの　なのはな　はくさい　きゅうり　とうなす

　うたの中には、いろいろな食べ物や数が隠れています。ちなみに「とうなす」というのは、かぼちゃのことだそうです。また、お手玉を1つずつ倒れないように積んでいく遊びも、子どもたちは大好きです。

# 冬

## おせんべやけたかな 鬼決め 手遊び

おせんべやけたかな

少人数で遊びます。鬼を一人決め、輪になり両手の甲を上にして差し出します。鬼は片手のみ出します。これらの手がおせんべいです。鬼が 1 つずつ指さしていき、曲の終わりに指した手は「焼けた」ということでひっくり返します。両手ともひっくり返ったら、あがりです。

### あめこんこん　ゆきこんこん　聞かせうた

「おらえ」とは自分という意味のこと。お寺の前は少なめにして自分の前に雪をたくさん降らせてほしいと歌っています。

### カッテコカッテコ　足乗せ

雪を踏み固めるといううたです。遊び方は、「アシアシアヒル」と同様です（p.168）。

## まめがいっこはねた お手玉 体遊び

まめがいっこ　は　ねた　　まめがにこ　は　ねた　　まめがさんこ

は　ねた　　まめがはねた　　まめがはねた　　まめがいれ　た「ぱん！」

　おなべ（子どもにはフライパンのほうがイメージしやすいかも）に見立てた大きな風呂敷で、豆に見立てたお手玉を「炒り」ます。最初は大人が数名で風呂敷を広げてもち、子どもたちにお手玉を次々と入れてもらいます。最後の「まめがいれた」で少しためて、一気に「ポーン」とお手玉を跳ね上げます。一緒に風呂敷をもちたい子、豆を入れたい子、跳ね上がるところを見たい子、それぞれの楽しみ方を尊重してあげたいですね。お手玉のかわりに丸めた新聞紙でもできます。

　ほかにも、子ども自身が豆になり、「パーン」とはじけて跳び上がったり、大人に「たかいたかい」をしてもらったりしても楽しめます。

# わらべうたと一緒に届けたい絵本と物語

## ❶ 絵本リスト

わらべうたによって得られる喜びが、さらにぐんと広がる絵本・物語を紹介します。

■あさですよ
　♪ ととけっこう　→27ページ
　『もう おきるかな』
　（まつのまさこ　ぶん　やぶうちまさゆき　え　福音館書店）

■触れられるのが気持ちいい
　♪ いっぽんばしこちょこちょ　→81ページ
　『ぴたっ！』（あずみ虫　さく・え　福音館書店）
　『いいな　いいな』
　（かたやまけん　さく　福音館書店）

■お顔をきれいに
　♪ オデコサンヲマイテ　→190ページ
　『きゅっ　きゅっ　きゅっ』
　（林明子　さく　福音館書店）

■どんどん歩く
　♪ どんどんばしわたれ　→38ページ
　『もりのなか』
　（マリー・ホール・エッツ　ぶん・え
　　まさきるりこ　やく　福音館書店）

■おなかがすいた
　♪　かれっこやいて　➡ 190 ページ
　『おにぎり』
　（平山英三　ぶん　平山和子　え　福音館書店）

■風を感じる
　♪　うえからしたから　➡ 54 ページ
　『かぜフーホッホ』
　（三宮麻由子　ぶん　斉藤俊行　え　福音館書店）
　『きんいろあらし』
　（カズコ・G・ストーン　作　福音館書店）

■ゆきがふってきた
　♪　あめこんこん　ゆきこんこん　➡ 197 ページ
　『ゆきのひ』
　（エズラ・ジャック・キーツ　ぶん・え　きじまはじめ　やく　偕成社）

■おやすみの前に
　♪　オヤユビネムレ　➡ 164 ページ
　『おやすみなさいコッコさん』
　（片山健　さく・え　福音館書店）

■少し大きい子どもたちに
　　──昔話・物語の世界へ
　♪　ねんねんねやまのこめやまち　➡ 28 ページ
　『いたずらぎつね』
　（中川李枝子　さく　山脇百合子　え　のら書店）
　『ねこのおんがえし』
　（中川李枝子　さく　山脇百合子　え　のら書店）

## ❷ 読書案内

わらべうたをさらに学ぶための本や動画、そして、子どもの育ちに関する本を紹介します。

### ■子育ての知恵としてのわらべうたを学ぶには

『「わらべうた」で子育て　入門編』

（阿部ヤヱ　著　平野恵理子　絵　福音館書店　2002）

『「わらべうた」で子育て　応用編』

（阿部ヤヱ　著　平野恵理子　絵　福音館書店　2003）

### ■わらべうたの遊び方をもっともっと知りたい

『わらべうたと子どもの育ち』

（木村はるみ　エイデル研究所　2019）

### ■おはなし会・わらべうたのつどいの資料として

『乳幼児おはなし会とわらべうた』

（落合美知子　児童図書館研究会　2017）

### ■わらべうたの世界を絵本で開く

『みんなであそぶ　わらべうた』

（近藤信子　編・遊び方指導　梶山俊夫　絵
　福音館書店　1997）

『京わらべうた　いっしょにうたいまひょ』

（三上啓子　編　ふしはらのじこ　絵　かもがわ出版）

■触れあいの意味をより深く学ぶには
『子供の「脳」は肌にある』

(山口創　光文社　2004)

■メディアとの関わり方を考える
『メディアにむしばまれる子どもたち──小児科医からのメッセージ──』

(田澤雄作　教文館　2015)

■小さい子から大きい子までのブックリスト
『子どもも大人も絵本で育つ』(湯澤美紀　柏書房　2019)
『子どもの育ちを支える絵本』(脇明子編著　岩波書店　2011)
『読む力が未来をひらく──小学生への読書支援──』

(脇明子　岩波書店　2014)

■わらべうたを聴いてみよう（音源つき教材）
『こまった時はわらべうた　うれしい時もわらべうた』

(わらべうたネットワーク　うたぼっこの森　平沼美春・彦坂早苗・大沢愛・
川中美樹　編著　尾原昭夫　監修　ひとなる書房　2021)

■わらべうたを見てみよう（DVD 教材）
『子どもの心と身体を育むわらべうた──子どもも大人も一緒に育つ──』

(湯澤美紀　監修・解説　吉村玲子　実演・インタビュー　ジャパンライム
2020)

# 付 録

## ❶ 本書で紹介したわらべうた一覧表

　下記に、本書で紹介したわらべうたを掲載します（出典元は、206 ページの「わらべうた資料一覧」の文献の数字と対応）。

| | わらべうた題名 | 紹介ページ | 楽譜あり | 歌詞のみ | 出典元 |
|---|---|---|---|---|---|
| 1 | アイニサラサラ | 163 | | ○ | ① |
| 2 | あがりめさがりめ | 15 | ○ | | ①、②、⑤ |
| 3 | アシアシアヒル | 168 | ○ | | ⑧ |
| 4 | あしたてんきになあれ | 15 | ○ | | ③、⑤ |
| 5 | アックリスックリ | 188 | | ○ | ⑭ |
| 6 | あまんだぶり | 186 | ○ | | ① |
| 7 | あめこんこん | 125 | ○ | | ① |
| 8 | あめこんこんゆきこんこん | 197 | ○ | | ⑫ |
| 9 | あんたがたどこさ | 174 | ○ | | ①、②、⑤ |
| 10 | あんよはじょうず | 18 | | ○ | ② |
| 11 | いちがさした | 16 | ○ | | ① |
| 12 | イチジクニンジン | 31 | ○ | | ③、⑤ |
| 13 | いちばんはじめはいちのみや | 25 | | ○ | ②、⑤ |
| 14 | いちばんぼしみつけた | 25 | | | ④、⑤ |
| 15 | イチリ　ニリ　サンリ | 42 | | ○ | ① |
| 16 | いちわのからす | 171 | ○ | | ③、⑤ |
| 17 | イッチクタッチク | 37 | ○ | | ② |
| 18 | いっぴきちゅう | 190 | ○ | | ⑧ |
| 19 | いっぽんばしこちょこちょ | 80 | ○ | | ①、② |
| 20 | いないいないばあ | 24 | | ○ | ② |
| 21 | いなかのおじさん | 194 | ○ | | ① |
| 22 | いもくって　ぶ | 161 | ○ | | 不詳（香川） |
| 23 | イモニメガデテ | 166 | | ○ | ① |
| 24 | いものにたの | 114 | ○ | | ⑧ |

注）紹介ページは初出ページのみ（歌詞は一部のみの紹介も含む）

| | わらべうた題名 | 紹介ページ | 楽譜あり | 歌詞のみ | 出典元 |
|---|---|---|---|---|---|
| 25 | いもむしごろごろ | 18 | ○ | | ③、⑤ |
| 26 | うえからしたから | 54 | ○ | | ⑨ |
| 27 | うまはとしとし | 168 | ○ | | ③ |
| 28 | えんやらもものき | 26 | ○ | | ③ |
| 29 | おおさむこさむ | 179 | ○ | | ④、⑤ |
| 30 | おざしきはいて | 188 | ○ | | ⑦ |
| 31 | おせんべやけたかな | 196 | ○ | | ②、⑤ |
| 32 | おちゃをのみにきてください | 172 | ○ | | ③ |
| 33 | オデコサンヲマイテ | 190 | ○ | | ⑩ |
| 34 | おてらのおしょうさん | 158 | ○ | | ② |
| 35 | おでんでんぐるま | 110 | ○ | | ⑨ |
| 36 | おなべふ | 51 | ○ | | ⑤ |
| 37 | おにごっこするひと | 10 | | ○ | ③、⑤ |
| 38 | おひとつおさらい | 25 | | ○ | ① |
| 39 | おまえのかあちゃんでべそ | 178 | | ○ | ① |
| 40 | おまつとっとくれ | 25 | | ○ | 不祥（新潟） |
| 41 | オヤユビネムレ | 164 | ○ | | ① |
| 42 | かごかごじゅうろくもん | 44 | ○ | | ① |
| 43 | かごめかごめ | 50 | | ○ | ③、⑤ |
| 44 | カッテコカッテコ | 197 | ○ | | ⑨ |
| 45 | カラスカズノコ | 178 | ○ | | ⑧ |
| 46 | からすがなくから | 15 | ○ | | ④ |
| 47 | かれっこやいて | 190 | ○ | | ① |
| 48 | かわのきしのみずぐるま | 176 | ○ | | ⑮ |
| 49 | キリスチョン | 163 | ○ | | ⑬ |
| 50 | ココハトウチャンニンドコロ | 160 | ○ | | ⑨ |
| 51 | このこ　どこのこ | 30 | ○ | | ⑨ |
| 52 | こりゃどこのじぞうさん | 167 | ○ | | ⑨ |
| 53 | こんこんさん | 36 | ○ | | ① |
| 54 | さよならあんころもち | 90 | ○ | | ① |
| 55 | さるのこしかけ | 13 | ○ | | ⑩ |

| | わらべうた題名 | 紹介ページ | 楽譜あり | 歌詞のみ | 出典元 |
|---|---|---|---|---|---|
| 56 | 〇〇サントイウヒトガ | 59 | ○ | | ⑧ |
| 57 | ジージーバー | 27 | | ○ | ② |
| 58 | ずいずいずっころばし | 98 | | ○ | ②、⑤ |
| 59 | ずくぼんじょ | 52 | ○ | | ④ |
| 60 | せんぞうやまんぞう | 193 | ○ | | ② |
| 61 | ダイコンツケ | 53 | ○ | | ① |
| 62 | たけのこ　めだした | 192 | ○ | | ⑤ |
| 63 | たけのこいっぽんおくれ | 42 | | ○ | ①、③、⑤ |
| 64 | だるまさんがころんだ | 14 | ○ | | ⑤ |
| 65 | だるまさんだるまさん | 60 | ○ | | ①、②、⑤ |
| 66 | たんぽぽたんぽぽ | 27 | ○ | | ① |
| 67 | ちっちゃいまめころころ | 45 | ○ | | ⑱ |
| 68 | チビスケドッコイ | 170 | ○ | | ⑮ |
| 69 | ちゃっぷちゃっぷこなみ | 139 | | ○ | ⑱ |
| 70 | ちょちちょちあわわ | 24 | | ○ | ② |
| 71 | ちんちろりん | 169 | ○ | | ①、④ |
| 72 | てっこはっこ　てっこはっこ | 24 | | ○ | ① |
| 73 | てるてるぼうず | 186 | ○ | | ④ |
| 74 | デロデロツノデロ | 186 | | ○ | ⑰ |
| 75 | とうかんや　とうかんや | 24 | | ○ | ① |
| 76 | とうりゃんせ | 42 | | ○ | ①、③、⑤ |
| 77 | ととけっこう | 27 | ○ | | ⑨ |
| 78 | となりのがっこう | 58 | | | ⑤ |
| 79 | ドノコガヨイコ | 167 | | ○ | ⑪ |
| 80 | どんぐりころちゃん | 188 | ○ | | ① |
| 81 | どんどんばしわたれ | 38 | ○ | | ③ |
| 82 | どんぶかっか | 70 | ○ | | ① |
| 83 | とんぼさんとんぼさん | 188 | ○ | | ② |
| 84 | なかなかほい | 175 | ○ | | ①、② |
| 85 | なべなべそこぬけ | 18 | ○ | | ②、⑤ |
| 86 | にぎりぱっちり | 26 | ○ | | ① |

| | わらべうた題名 | 紹介ページ | 楽譜あり | 歌詞のみ | 出典元 |
|---|---|---|---|---|---|
| 87 | ニューメン　ソーメン | 195 | | ○ | ① |
| 88 | ねむれねむれねずみのこ | 29 | ○ | | ① |
| 89 | ねんねんねやまのこめやまち | 28 | ○ | | ① |
| 90 | はないちもんめ | 100 | ○ | | ③、⑤ |
| 91 | ハナチャン | 195 | ○ | | ⑩ |
| 92 | ひらいた　ひらいた | 137 | ○ | | ③、⑤ |
| 93 | ふくすけさん | 184 | ○ | | ⑧ |
| 94 | ふねのせんどうさん | 118 | ○ | | ⑯ |
| 95 | ペッタラペッタン | 190 | ○ | | ⑱ |
| 96 | ボウズ　ボウズ | 164 | ○ | | ⑨ |
| 97 | ほたるこい | 194 | ○ | | ④ |
| 98 | まめがいっこはねた | 198 | ○ | | ⑰ |
| 99 | メンメンスースー | 46 | | ○ | ⑩ |
| 100 | もぐらどんの | 184 | ○ | | ① |
| 101 | ももやももや | 186 | ○ | | ② |
| 102 | やなぎのしたには | 173 | ○ | | ⑤ |
| 103 | ゆうやけこやけ | 158 | ○ | | ④ |

## ❷ わらべうた資料覧表

①尾原昭夫（1979～1992）．日本わらべ歌全集１～26　柳原出版．

②尾原昭夫（1972）．日本のわらべうた——室内遊戯歌編——　社会思想社．

③尾原昭夫（1975）．日本のわらべうた——戸外遊戯歌編——　社会思想社．

④尾原昭夫（2009）．日本のわらべうた——歳事・季節歌編——　文元社．

⑤小泉文夫（1958）．日本伝統音楽の研究　音楽之友社．

⑥町田嘉章・浅野建二（1958）．わらべうた——日本の伝承童謡——　岩波書店．

⑦大澤功一郎編著（2008）．わらべうたのこころ　伝承あそび事典　メイト．

⑧木村はるみ・蔵田友子（2001）．わらべうたと子ども　古今社．

⑨コダーイ芸術教育研究所（2008）．わらべうた わたしたちの音楽
　　──保育園・幼稚園の実践──　明治図書出版．

⑩コダーイ芸術教育研究所（1998）．いっしょにあそぼうわらべうた
　　──０・１・２歳児クラス編──　明治図書出版．

⑪コダーイ芸術教育研究所（1997）．いっしょにあそぼうわらべうた
　　──３・４歳児クラス編──　明治図書出版．

⑫コダーイ芸術教育研究所（1998）．わらべうた・カノン曲集まめっ
　　ちょ（1）　全音楽譜出版社．

⑬コダーイ芸術教育研究所編（1971）．わらべうたであそぼ──年中
　　編──　明治図書出版．

⑭小林衛己子（2006）．おはようからおやすみまでの 12 のわらべう
　　たえほん　ハッピーオウル社．

⑮佐藤志美子（1996）．心育てのわらべうた──乳児から小学生まで
　　年齢別指導・教材集──　ひとなる書房．

⑯佐藤美代子編著（2001）．目あそび・手あそび・足あそび──なに
　　してあそぶ？　わらべうた──　草土文化．

⑰たかぎとしこ（2001）．わらべうたですくすく子育て──みんないっ
　　しょにうたって遊ぼう「うめぼしすっぱいな」──　明治図書出版．

⑱藤田浩子編著（2001）．おはなしおばさんのふれあいあそびギュッ
　　一声社．

本書のわらべうたは、①〜⑥のわらべうた採譜資料を主に参考にし
ました。そこに掲載されていないわらべうたについては、⑦〜⑱の資
料を適宜参考にしました。なお、紹介したわらべうたの楽譜は、実際
に普段子どもとともに遊んでいるものを実践家自身が採譜したものも
含みますので、上記資料の楽譜と必ずしも一致しない場合があります。

# 引用文献・参考文献

## 第 1 章●わらべうたとは
1）尾原昭夫編著（1972）．日本のわらべうた——室内遊戯歌編—— 社会思想社.
2）尾原昭夫編著（1975）．日本のわらべうた——戸外遊戯歌編—— 社会思想社.
3）尾原昭夫編著（2009）．日本のわらべうた——歳事・季節歌編—— 文元社.
4）小泉文夫（1958）．日本伝統音楽の研究 音楽之友社 107-113.
5）小泉文夫（1969）．わらべうたの研究——研究編—— 稲葉印刷所 265-277.
6）小泉文夫（1986）．子どもの遊びとうた——わらべうたは生きている—— 草思社 134-136.
7）牧野英三（1983）．奈良のわらべ歌 柳原出版 83.
8）金田一春彦（1975）．日本の方言——アクセントの変遷とその実相——教育出版（金田一春彦（2005）．金田一春彦著作集（7）玉川大学出版部 325-331.）
9）金田一春彦（1974）．国語アクセントの史的研究——原理と方法——塙書房（金田一春彦（2005）．金田一春彦著作集（7）玉川大学出版部 70-71.）
10）鵜野祐介監修、落合美知子著（2010）．子どもの心に灯をともすわらべうた——実践と理論—— エイデル研究所.

## 第 2 章●子どもと大人が育つ場所
【家庭】
1）落合美知子（2017）．乳幼児おはなし会とわらべうた 児童図書館研究会.
2）Carson, R. (1965). *The Sense of Wonder*, Harper & Row Publishers. :（カーソン, R. 上遠恵子訳（1991）．センス・オブ・ワンダー 佑学社.

【地域・文庫】
1）瀬田貞二（1980）．幼い子の文学 中央公論社.

【療育】
1）和田幸子（2011）．わらべうたを用いた障害児保育の実践 三学出版.

【大学】
1）梶谷恵子・湯澤美紀・片平朋世（2015）．保育者としての成長を支えるわらべうたを核とした教育実践の取組——応答する身体性の育成を目指して——保育士養成研究, 33, 31-40.
2）湯澤美紀・梶谷恵子・上田敏丈・山本聡子（2016）．大学生におけるわらべうた遊びの身体知化プロセス——保育の専門性向上の一つの視点として——乳幼児教育学研究, 24, 1-10.

## 第 3 章●わらべうたと心理学
【進化心理学】
1）松沢哲郎（編）（2019）．心の進化を語ろう——比較認知科学からの人間探究—— 岩波書店.

2）Bard, K.A.（2002）．Primate parenting. In M Bornstein（Ed.）, *Handbook of parenting*（pp. 99-140）. Mahwah, NJ: Lawrence Erlbaum Associates.

3）山梨裕美・小倉匡俊・森村成樹・林美里　友永雅己（2016）．チンパンジーの人工保育とエンターテイメント──動物福祉・保全と将来展望── *Animal Behaviour and Management*, 52（2）, 73-84.

4）Hayashi, M., & Matsuzawa, T.（2003）．Cognitive development in object manipulation by infant chimpanzees. *Animal Cognition*, 6, 225–233.

5）Hayashi, M., & Matsuzawa, T.（2017）．Mother-infant interactions in captive and wild chimpanzees. *Infant Behavior and Development*, 48, 20-29.

6）林美里（2016）．大型類人猿の母子の絆──チンパンジーとオランウータンにおける母子関係と認知発達── 動物心理学研究, 66（1）, 29-37.

7）Biro, D., Humle, T., Koops, K., Sousa, C., Hayashi, M., & Matsuzawa, T.（2010）．Chimpanzee mothers at Bossou, Guinea carry the mummified remains of their dead infants. *Current Biology*, 20, R351-352.

8）Yu, L., Tomonaga, M.（2015）．Interactional synchrony in chimpanzees: Examination through a finger-tapping experiment. *Scientific Reports*, 5, 10218.

9）Yu, L., Tomonaga, M.（2016）．Unidirectional adaptation in tempo in pairs of chimpanzees during simultaneous tapping movement: an examination under face-to-face setup. *Primates*, 57, 181-185.

10）Hattori, Y., Tomonaga, M., &Matsuzawa, T.（2013）．Spontaneous synchronized tapping to an auditory rhythm in a chimpanzee. *Scientific Reports*, 3, 1556.

11）Hattori, Y., Tomonaga, M., & Matsuzawa, T.（2015）．Distractor effect of auditory rhythms on self-paced tapping in chimpanzees and humans. *PLoS ONE*, 10, e0130682.

12）Hattori, Y., & Tomonaga, M.（2019）．Rhythmic swaying induced by sound in chimpanzees (Pan troglodytes). *Proceedings of the National Academy of Sciences*, 117, 936-942.

13）Premack, D., & Woodruff, G.（1978）．Does the chimpanzee have a theory of mind? *Behavioral and Brain Sciences*, 1, 515-526.

14）Yamamoto, S., & Humle, T., Tanaka, M.（2012）．Chimpanzees' flexible targeted helping based on an understanding of conspecifics' goals. *Proceedings of the National Academy of Sciences*, 109, 3588-3592.

15）de Waal, F. B. M.（2008）．Putting the altruism back into altruism: The evolution of empathy. *Annual Review of Psychology*, 59, 279-300.

16) Yamamoto, S. (2017). Primate empathy: three factors and their combinations for empathy-related phenomena. *WIREs Cognitive Science*, 8, e1431.

17) Persson, T., Sauciuc, G. A., & Madsen, E. A. (2018). Spontaneous cross-species imitation in interactions between chimpanzees and zoo visitors. *Primates*, 59, 19-29.

【身体心理学】

1 ) 春木豊・山口創（編著）(2016). 新版　身体心理学——身体行動（姿勢・表情など）から心へのパラダイム——　川島書店.

2 ) 根ヶ山光一・山口創 (2005). 母子におけるくすぐり遊びとくすぐったさの発達　小児保健研究, 64（3）, 451-460.

3 ) 三木成夫 (2013). 内臓とこころ　河出書房新社.

4 ) Falk, D. (2004). Prelinguistic evolution in early hominis: whence motherese? *Behavioral and Brain Sciences*, 27, 491-541.

5 ) Olausson, H. Lamarre, Y., Backlund, H., Morin, B.G. Wallin, G., Starck, S., Ekholm, I., Stigo, G., Worsley, K., Vallobo, A.B., & Bushnell, M.C. (2002). Unmyelinated tactile afferents signal touch and project to insular cortex. *Nature Neuroscience*, 5, 900–904.

6 ) Seltzer, L.J., Ziegler T.E., & Pollak S.D. (2010). Social vocalizations can release oxytocin in humans. *Developmental Psychology*, 277, 2661-2666.

【言語心理学】

1 ) DeCasper, A. J., Lecanuet, J. P., Busnel, M. C., Granier-Deferre, C., & Maugeais, R. (1994). Fetal reactions to recurrent maternal speech. *Infant Behavior and Development*, 17（2）, 159-164.

2 ) Kuhl, P. K., Stevens, E., Hayashi, A., Deguchi, T., Kiritani, S., & Iverson, P. (2006). Infants show a facilitation effect for native language phonetic perception between 6 and 12 months. *Developmental Science*, 9（2）, F13-F21.

3 ) 馬塚れい子 (2012). 乳児の音声発達　日本音響学会誌, 68（5）, 241-247.

4 ) Maurer, D., Pathman, T., & Mondloch, C. J. (2006). The shape of boubas: Sound-shape correspondences in toddlers and adults. *Developmental Science*, 9（3）, 316-322.

5 ) 小椋たみ子・増田珠巳・浜辺直子・平井純子・宮田 Susanne (2019). 日本人母親の対乳児発話の語彙特徴と子どもの言語発達　発達心理学研究, 30（3）, 153-165.

6）今井むつみ（2017）．オノマトペはことばの発達に役にたつの？　窪薗晴夫（編）．オノマトペの謎――ピカチュウからモフモフまで――　岩波書店．

7）広瀬友紀（2017）．ちいさい言語学者の冒険　子どもに学ぶことばの秘密――　岩波書店．

8）岡本夏木（1982）．子どもとことば　岩波書店．

9）6）同上

10）高橋登・中村知靖（2020）．日本語の音韻意識は平仮名の読みの前提であるだけなのか―― ATLAN 音韻意識検査の開発とその適用から――　発達心理学研究, 31, 1 -13.

11）高橋登（1997）．幼児のことば遊びの発達 ――"しりとり"を可能にする条件の分析――　発達心理学研究, (8), 42-52.

【感情心理学】

1 ）Bridges,K.M.B.（1930）．A genetic theory of the emotions. *The Pedagogical Seminary and Journal of Genetic Psychology*, Vol. 37, pp. 514-527.

2 ）藤野沙織・本村祐里佳（2015）．日常生活における幼児の感情リテラシーの発達　法政大学大学院紀要, 75,79-88.

3 ）枡田恵（2014）．幼児期における感情の理解と表情表現の発達　発達心理学研究, 25（2）, 151-161.

4 ）渡辺弥生・藤野沙織（2016）．児童の感情リテラシーの発達――感情表現に焦点を当てて――　法政大学文学部紀要, 73, 83-96.

5 ）渡辺弥生（2011）．子どもの「10 歳の壁」とは何か？――乗りこえるための発達心理学――　光文社

6 ）渡辺弥生（2019）．感情の正体――発達心理学で気持ちをマネジメントする――　筑摩書房

【教育心理学】

1 ）菅原ますみ（2003）．個性はどう育つか　大修館書店．

2 ）Lave, J., & Wenger, E.（1991）．*Situated learning: Legitimate peripheral participation (Learning in doing: Social, cognitive and computational perspectives)*. Cambridge University Press.（レイヴ,J.，ウェンガー,E. 佐伯胖（訳）（1993）．福島真人（解説）状況に埋め込まれた学習――正統的周辺参加――　産業図書.）

3 ）Harter, S.（1998）. The development of self-representations. In W. Damon, & N. Eisenberg（Ed.）, *Handbook of child psychology: Social, emotional, and personality development*（pp. 553–617）. John Wiley & Sons Inc.

4 ）Ruble, D., Boggiano, A., Feldman, N. , & Loeble, J.（1980）. A

developmental analysis of the role of social comparison in self-evaluation. *Developmental Psychology*, 16, 105-115.

5) 湯澤正通（2012）．児童の認知　高橋惠子・湯川良三・安藤寿康・秋山弘子（編）　発達科学入門2　胎児期〜児童期　東京大学出版会　225-238.

6) 湯澤正通（2012）．幼児の数量概念の発達とプロジェクト学習　湯澤正通・杉村伸一郎・前田健一（編著）　心理学研究の新世紀3　教育・発達心理学　ミネルヴァ書房　335-358.

7) Gelman, R., & Gallistel, C. R.（1978）. *The children's understanding of number*. Cambridge, MA: Harvard University Press.

8) 湯澤正通・湯澤美紀（編著）（2014）．ワーキングメモリと教育　北大路書房.

【生涯発達心理学】

1) 鯨岡峻（2016）．関係の中で人は生きる――「接面」の人間学に向けて――ミネルヴァ書房.

2) Locke. J.（1689）. *An Essay Concerning Human Understanding*.（ロック・J. 加藤卯一郎（訳）（1940）．人間悟性論　上・下　岩波書店.）

3) Meltzoff. A.N. ,& Moore, M. K.（1983）. Newborn infants imitate adult facial gestures. *Child Development*, 54, 702-709.

4) Wolff, P.H.（1987）. *The development of behavioral states and the expression of emotions in early infancy*. Chicago: University of Chicago Press.

5) Reddy, V., Williams, E., & Vaughan, A.（2002）. Sharing humour and laughter in autism and Down's syndrome. *British Journal of Psychology*, 93. 219-242.

6) Ferguson,C.A.（1964）. Baby talk in six languages. *Anthropologist*, 66, 103-114.

7) Warren-Leubecker,A., & Neil, J. B.（1984）. Intonation patterns in child-directed speech: Mother-father differences. *Child Development*,55, 1379-1385.

8) Sute, B., & Wheldall, K.（2001）. How do grandmothers speak to their grandchildren? Fundamental frequency and temporal modifications in the speech of british grandmothers to their grandchildren. *Educational Psychology*, 21, 493-503.

9) 中川愛・松村京子（2010）．女子大学生における乳児へのあやし行動――乳児との接触経験による違い――　発達心理学研究 , 21(2), 192-199.

10) 中川愛・松村京子（2017）．乳児との接触未経験学生のあやし行動――音声・行動分析学的研究――　発達心理学研究 , 17(2), 138-147

11) Bowlby J（1951）. Maternal care and mental health. 2d. ed. World

Health Organaization. Monograph series 2, Geneva.

12) Nelson, A. C., Fox, N. A., & Zeanah, C. H.（2014）. *Romania's abandoned children: Deprivation, brain development, and the struggle for recovery*. Harvard University Press.（ネルソン, A.C., フォックス, N.A., ジーナー, C. H. 上鹿渡和宏・青木豊・稲葉雄二・本田秀夫・高橋恵里子・御園生直美（監訳）（2018）. ルーマニアの遺棄された子どもたちの発達への影響と回復への取り組み——施設養育児への里親養育による早期介入研究（BEIP）からの警鐘—— 福村出版.）

13) Bowlby, J.（1979）. *The Making & breaking of affectional bonds*. Tavistock Publications Limited（ボウルビイ, J. 作田勉（監訳）（1981）. 母子関係入門 星和書店.）

14) 古荘純一（2009）. 日本の子どもの自尊感情はなぜ低いのか——児童精神科医の現場報告—— 光文社.

15) 国立青少年教育振興機構 高校生の生活と意識に関する調査報告書——日本・米国・中国・韓国の比較——（http://www.niye.go.jp/kenkyu_houkoku/contents/detail/i/98/ 2021年7月9日閲覧）

16) 子安増生・楠見孝・de Carvalho Filho, M.K.・橋本京子・藤田和生・鈴木晶子・大山泰宏・Backer, C. 内田由紀子・Dalsky, D. Mattig, R. 櫻井里穂・小島隆次（2012）. 幸福感の国際比較研究——13カ国のデータ—— 心理学評論, 55(1). 70-89.

17) 千葉雄太・村上達也（2015）. 現代青年における"キャラ"を介した友人関係の実態と友人関係満足感の関連——"キャラ"に対する考え方を中心に—— 青年心理学研究, 26, 129-146.

18) 青木紀久代（1999）. 調律行動から見た母子の情緒的交流と乳幼児の人格形成 風間書房.

19) 阿部ヤヱ（2002）.「わらべうた」で子育て 入門編 福音館書店.

20) 阿部ヤヱ（2003）.「わらべうた」で子育て 応用編 福音館書店.

# 第4章●わらべうたが生み出す「場」
【❷わらべうたの「場」に関する心理学的一考察】

1) ベネッセ総合教育研究所（2018）. 速報版 日本・中国・インドネシア・フィンランド幼児期の家庭教育国際調査——4か国の保護者を対象に——（https://berd.benesse.jp/up_images/research/YOJI_seikatsu2018_28P_5th_web_all.pdf 2021年7月9日確認）

2) 山極寿一（2018）. ゴリラからの警告「人間社会、ここがおかしい」 毎日新聞出版.

3) Kobayashi,H.,& Kohshima,S.（1997）. Unique morphology of the human

eye. *Nature*, 387:767-768.

4 ) Maurer, D. , & Salapatek, P.（1976）. Developmental changes in the scanning of faces by young infants. *Child Development*, 47. 523-527.

5 ) Hood, B. M., Willen, D., &Driver, J.（1998）. Adult's eyes trigger shifts of visual attention in human infants. *Psychological Science*, 9, 131-134.

6 ) Carpenter, M., Nagell, K., & Tomasello, M.（1998）. Social cognition, joint attention, and communicative competence from 9 to 15 months of age. *Monographs of the Society for research in Child Development*, 63.1-184

7 ) Tronick, E., Als, H. Adamson, L., Wise, S., & Brazelton, T.B.（1978）. The infant's response to entrapment between contradictory messages in face to face interaction. *Journal of the American Academy of Child Psychiatry*, 17. 1-13.

8 ) Mesman.J., van IJzendoorn,H., &Bakermans-Kranenburg, M.J.（2009）. The many faces of the Still-Face Paradigm : A review and meta-analysis. *Developmental Review*, 29,120-162.

9 ) 野村光江・冨城智子・鈴木二三子・吉岡睦美・城戸朗子・吉川左紀子（2011）. 看護師のマスク着用は応対の好ましさを低下させるか？　電子情報通信学会技術研究報告，111（214），1 - 5 .

10) Merleau-Ponty.M.（1953）. ELOGE DE LA PHILOSOPHIE. ET L'OEIL ET L'ESPRIT. Gallimard.（メルロ＝ポンティ，M. 滝浦静雄・木田元（訳）（1966）. 眼と精神　みすず書房.）

11) Mithen, S.（2005）. *The singing Naanderthals. The origins of music, language, mind and body*. Weidenfeld & Nicolson.（ミズン，S. 熊谷淳子（訳）（2006）. 歌うネアンデルタール——音楽と言語から見るヒトの進化——　早川書房.）

12) McNeill, W.H.（1995）. *Keeping together in time: Dance and drill in Human History. Cambridge*, MA: Harvard University Press.

13) 鯨岡峻（2016）. 関係の中で人は生きる——「接面」の人間学に向けて——ミネルヴァ書房.

14) Merleau-Ponty.M.（1953）. ELOGE DE LA PHILOSOPHIE 1953 ET L'OEIL ET L'ESPRIT. Gallimard, Paris.（メルロ＝ポンティ，M. 滝浦静雄・木田元共（訳）（1966）. 眼と精神　みすず書房.）

15) Husserl.E.（1950）. Die Idee der Phänomenologie : Fünf Vorlesungen. Martinus Nijhoff.（フッサール．E. 立松弘孝（訳）（1965）. 現象学の理念みすず書房.）

# 執筆者一覧

第 1 章 （執筆順）
　　和田幸子・吉村玲子・湯澤美紀

第 2 章
　　家庭　落合美知子
　　保育　田中元気
　　地域・文庫　赤松百合子
　　療育　和田幸子
　　大学　梶谷恵子

第 3 章
　　進化心理学　林　美里
　　身体心理学　山口　創
　　言語心理学　高橋　登
　　感情心理学　渡辺弥生
　　教育心理学　湯澤正通
　　生涯発達心理学　湯澤美紀

第 4 章
　　鼎談　落合美知子・田中元気・
　　　　　梶谷恵子
　　わらべうたの「場」に関する
　　　　心理学的一考察　湯澤美紀

第 5 章
　　片平朋世・三宅一恵・吉村玲子・
　　梶谷恵子・赤松百合子・湯澤美紀

## 落合美知子
わらべうた講師
主著書・論文
『子どもの心に灯をともすわらべうた
　　―実践と理論―』
エイデル研究所

## 田中元気
関西学院幼稚園主任教諭
主著書・論文
「わらべうたあそびを通して
　育まれるものの一考察」
「第 71 回日本保育学会」

## 赤松百合子
めじろ文庫
乳幼児や小学生を対象にした
絵本や児童書の読み聞かせ活動を
主宰している

## 和田幸子
京都光華女子大学准教授
主著書・論文
『わらべうたを用いた障害児保育の実践』
三学出版

## 梶谷恵子
どんぐり文庫
元ノートルダム清心女子大学准教授
主著書・論文
『子どもの育ちを支える絵本』
岩波書店

**片平朋世**

ノートルダム清心女子大学講師

主著書・論文

『子どもの育ちを支える絵本』

岩波書店


**高橋　登**

大阪教育大学教授

主著書・論文

『言語発達とその支援』

ミネルヴァ書房


**三宅一恵**

ノートルダム清心女子大学准教授

主著書・論文

「『人間関係の指導法』における授業内容
の考察―学生自身の体験から学びを導く
ために―」『ノートルダム清心女子大学
紀要』42巻第1号（63号）121-131


**渡辺弥生**

法政大学教授

主著書・論文

『感情の正体――発達心理学で気持ちを
マネジメントする』

筑摩書房


**吉村玲子**

わらべうた講師

主著書・論文

『子どもの心と身体を育むわらべうた』

（DVD）ジャパンライム


**湯澤正通**

広島大学大学院教授

主著書・論文

『ワーキングメモリを生かす効果的な
学習支援――学習困難な子どもの
指導方法がわかる！』

学研プラス


**林　美里**

中部学院大学准教授

（公財）日本モンキーセンター

主著書・論文

「霊長類の比較発達心理学連載：
チンパンジー研究者、母になる」『発達』

ミネルヴァ書房


**湯澤美紀**

ノートルダム清心女子大学教授

主著書・論文

『子どもも大人も絵本で育つ』

柏書房


**山口　創**

桜美林大学教授

主著書・論文

『子供の「脳」は肌にある』

光文社

# あとがき

身をあげてあそぶ童は、
ひたむきに天もわすれぬ、
声あげて恍れてあそびぬ。
その声ぞ神のものなる。

　日本を代表する詩人であり、わらべうたの採集にも尽力した北原白秋が記した詩の一部です。遊びそのものに陶酔する子どもの姿のなんと健全で、そして神聖であることか。これは、わらべうたで遊んでいる子どもの姿にも通じるところです。

　コロナ禍に本書を世に送り出すことになりましたが、新しい生活様式が求められるこの時代にこそ、わらべうたを子どもの手に返し、人間としての育ちの根幹を育んでほしいと願います。本書を通して、わらべうたの魅力が少しでも伝わりましたら幸いです。

本書は実に多くの方の力を得て出来上がりました。執筆者のみなさんの協力はもちろんのこと、これまでわらべうたを通して出会った親子、学生、保育者、子育て支援に携わる人々との心の交流は、わらべうたを現在に蘇らせたいと願う原動力となりました。

　また、本書のアイデアの多くは、「岡山子どもの本の会」の仲間たちとの学びのネットワークの中で生み出されたものです。会の代表者である脇明子さん・歌崎秀史さんは、いつも私たちの話を好奇心いっぱいに聞いてくださったり、時に適切なアドバイスをくださいました。また、わらべうたの講演会を企画し、学びの機会を与えてくださいました。第5章の執筆陣は、同会のメンバーですが、そのほか、会の仲間である吉澤佳子さん、児子千鶴子さん、菅田桂子さんとの語らいの内容も本書に反映されています。

　最後になりましたが、金子書房の小野澤将さんは、本書の企画の意義を理解くださり、編集の労をとってくださいました。

　ともに遊び、ともに学び、また支えてくださった全ての方に、心より感謝を申し上げます。


編者代表　**湯澤美紀**

子どもも大人もぐんぐん育つ

# わらべうたと心理学の出会い

2021 年 11 月 30 日　初版第 1 刷発行　　　　　　　　　　　　　　［検印省略］
2022 年 10 月 20 日　初版第 4 刷発行

編著者　　　湯　澤　美　紀
発行者　　　金　子　紀　子
発行所　　株式会社金　子　書　房
　　〒 112-0012　東京都文京区大塚 3-3-7
　　　　　　　TEL　03-3941-0111(代)
　　　　　　　FAX　03-3941-0163
　　　URL https://www.kanekoshobo.co.jp

印刷 / 藤原印刷株式会社　製本 / 一色製本株式会社
編集協力・装丁・デザイン / 株式会社桂樹社グループ